LOCUS

LOCUS

LOCUS

LOCUS

Smile, please

心藥

做自己最好的醫生

2022 增訂版

鍾灼輝——著

目次 CONTENTS

故事的治療力量

我是一個愛看文字、愛看故事的人。文字故事之所以吸引人的地方，就在於它的含糊留白與想像空間。文字所描繪的畫面，留給了讀者一個自行經歷的想像世界，在閱讀作者生命歷程的同時，讀者也經歷了一場劃時空的身心靈旅程。

在二〇一一年，我寫下了《生命迴旋》，透過寫書的過程，重溫一次自己人生中最重要的七年，也讓我在尋找智慧與自由的奇幻旅程上再走一回。生命的力量，使我奇蹟般地康復，我再一次地學會用雙腳走路，學習如何真正用心看世界。憑藉一些兆象的指引，我重返墜機之地，尋獲昔日意外發生時所遺留下的太陽眼鏡，並自此展開了一段啟迪智慧的心靈之旅。在旅途中，我遇上許多不可思議的事情，窺見了天地、眾生、與自己，目的就是要解答瀕死時的人生最後問題。我透過讓自己重生的十個夢想並體悟到，人生最珍貴的寶藏——智慧。往昔的我，能夠上天下海，卻未曾得到過真正的自由，但是智慧使我的心靈生出翅膀，海闊天空地任意飛翔。

在頓悟萬念皆虛幻的同時，不再為萬念所束縛，自由地活著在一個無生亦無死的世界。

其實，人生就好比是一場旅程，沿途遇上的人就是旅伴，碰上的事就是風景，一切的答案，都展現在旅途中的點點滴滴裡。但我必須說明這終究是屬於每一個個人的旅程，就如出生、成長、老去跟死亡一般，都只會是一個人最獨特的歷程。如果你願意離開熟悉的安全區域，勇敢地跟我慢行細賞，你便可透過我的眼睛看見不一樣的天地人心，最後跟真實的自己相知相遇。只要真心相信，認真追尋，全世界都會共同幫助你。人的潛意識跟整個宇宙自然會攜手合作，透過各種兆象給你提示、為你指引方向，助你找到自己的人生答案。所以那其實是一部人生的旅遊工具書，滿載著旅者探索生命的勇氣。

在二〇一二年，我初次出版《做自己最好的醫生》，講述自己從被宣判終身殘障到徹底復元的奇蹟療癒經過。我決定把這書重新整理出版，並且分別編寫成《心藥：做自己最好的醫生》與《自癒：做自己最好的醫生》。在新版中，我將更加強調潛意識中的自我療癒能力是從何而來，又如何有效應用，希望透過自身及一些治療個案，讓讀者們可以更清楚地了解，如何透過本書去進行心理及身體上的自我療癒。

坦白地說，重新編寫這本書對我又是一次艱鉅的任務。我必須以一顆同時既是病者，也是醫者的心，將已經癒合的傷疤撕開，再次讓骨頭枯萎、內心凋零。然後以文字、以夢境，再次滋養枯竭的身心，撫平我的十道傷痕。每當寫到傷痛處，身體上的十道傷疤便跟著燃燒，腳踝患處也隱隱作痛。有很多個深夜，內心一直被當時的憂鬱情緒所纏擾，徹夜揮之不去。如果你在書裡聞到了血腥，感受到疼痛，請不要訝異，因為那來自我的身體；如果你嚐到愁苦，變得憂鬱，請不要害怕，因為那來自我的內心。但你一定不要錯過文字裡的治療力量，那是來自我已被療癒的身心，是我用生命換取的，這亦是你閱讀完這兩本身心靈療癒實錄後，最後需要帶走的東西。

所謂的療癒就是一次又一次的成長，受傷停下就是為了走更遠的路，患病倒下就是為了爬更高的牆。但我必須重申療癒同樣是一個人的歷程，所有的傷口都必須由病者親自縫合，所有的療癒都是始於病者，終於病者。如果你願意卸下內心的衛甲，勇敢地面對生命中的錯失傷痛，你便可以跟我在平行時空裡，來一場劃時空的身心靈療癒，最後變成自己唯一且最好的醫者。

在此，我要謝謝無條件愛我、支持我的媽媽，把重傷的我帶回家的哥哥！最後，我更要謝謝正在閱讀這本書的你們，因為有你們，才讓我的人生故事，有了可以產生共鳴的聽眾！

前言 **死後復活**

痛楚是回到這個現實世界的第一個感覺。

我感到痛，無比的劇痛自身體四面八方湧來，強行把我從死亡的昏迷中拉回。因為這不是一般的失去意識，而是失去生命後的深度混沌，所以必須以極高劑量的痛楚，才有機會把死者再次深度喚醒。

痛楚正提醒我，活著本來就是充滿各式各樣的苦痛。

然後，我開始聽到了聲音。

「傷者奇蹟生還！趕快救援！」我聽到了墜機意外後的第一句真實說話。

救援人員正拚命跟時間競賽，從跑道方向趕來營救。他們拿著各種消防工具，試圖把垂死的我從飛機殘骸中拖救出來。他們的喊叫聲跟救護車的鳴笛聲此起彼落，只要細心聆聽，便可以發現當中隱藏的旋律節奏，抑揚頓挫、高低起伏。

這讓我想起貝多芬第五號交響曲的開端：噹！噹！噹！噹……！噹！噹！噹！噹！

噹……！命運正趕到門前，發出三短一長的敲門聲。

「不用擔心，我們很快便會把你救出來，你一定要撐住。」誰的聲音在我耳邊低聲安慰說。

身體其他的感官逐一恢復，我感到手腳異常的冰冷，體溫像從大小傷口急速地流失。我聞到了玻璃纖維因高速摩擦而產生的燒焦味，跟剛被割破的清草氣味，以及新鮮的血液腥味，這些不協調的氣味正在我的鼻腔混合著。雖然我的眼睛一直是張開著，但光線與影像卻沒有成功進入眼球，我只感到眼前白濛濛一片。

朦朧間，我看見了自己殘破的身體與爆裂後的駕駛艙，這跟我靈魂離體時所看見的恐怖景象是一樣的，所以我並沒有出現預期中的驚訝。

救援人員在檢查我的心跳脈搏，小心翼翼地替我固定頭部，把一些不知名的液體注射進我的血管。

可是，我的痛楚並沒有一絲減輕。

「沒辦法把他拖救出來！控制桿被撞得扭曲變形，壓住了他的上半身，他的雙腿被困在殘骸裡，腳掌更卡死在操控尾舵的腳踏板上。」救援人員緊張地報告狀況。

「快去拿大剪和電鋸！先固定右邊的機身，用路旁那根白色的大木柱，快把木柱抬過來！」另一人在指揮搶救。

消防隊大約花了三十分鐘的時間，最後成功把我從殘骸中救出來了。我被抬上救護車，雖然我極度的虛弱，但生理的痛楚讓我保持著清醒的意識。救護員為我做各式各樣的檢查，仔細地記錄著各項維生指標。

「意外是怎麼發生的？傷者昏迷了多久？」救護人員這樣問著。

「飛機在剛起飛不久便發生了意外，從大約一百多公尺的高空失控墜落，最後墜毀在跑道外不遠處的土地上。我們接到報告後馬上從控制塔台趕去現場，以時間計算來算，傷者共昏迷了十一分鐘。」旁邊的人回答著。

我和死神相遇了十一分鐘，之後又再折返人間。

當救護車到達醫院大門時，我隱約看見七、八位穿著白袍的醫護人員，神情肅穆地站在急診室門外。他們聽取了救護員的詳細報告後，便開始在我身體插上各樣的導管，我像是一具活體實驗品，被送進不同的醫療儀器做檢查診斷。奇怪的燈光不停地在我身上掃射遊走，生硬的電子儀器聲音不斷地在我耳邊響起。

「先生，你清醒嗎？能清楚聽見我的話嗎？我要向你說明受傷的情況。」急診室主治醫生以沉重的聲音對我說。

我向醫生眨了眨眼睛，表示我能聽見。

「你從差不多五、六十層樓的高度摔下來沒死，已經算是我看過最大的奇蹟了。你受到了輕微的腦震盪，不會對你構成嚴重傷害，但可能對你的記憶有短暫影響。

你的右前臂出現了複合性骨折，其中一根骨頭更從手腕處岔了開來，外露於手臂之外。我們要先把碎骨清理，徹底消毒後再以鋼板鋼釘幫你固定復元。你的左膝由於抵禦強大的撞擊後衝力，後十字韌帶與內外兩側韌帶都同告斷裂，只差一點整支小腿就會飛脫出來。我們可以透過外科手術，從你身體別處抽取適合的筋腱組織，替你重建這些破損的韌帶。身上其他大大小小的割傷裂傷，我們都可以幫你縫合修補，只是……」

主治醫生突然停下來，吞了一下口水，喉嚨間發出了令人不安的巨大聲響。

「只是，你的右腳踝，我們無能為力了。」

我凝視著他的眼睛，正努力尋找他這話的真正意思。雖然醫生所說的每一個字我都聽懂，但當把這些文字併合起來，我卻無法順利解讀當中的訊息。「無能為力」既不是診斷的一種，也不是什麼治療的方法，比較像是犯錯後的懲罰性宣判。

醫生露出難過的表情繼續說下去：「複合性骨折徹底地破壞了整個右腳踝關節，除了軟組織與筋腱的斷裂外，輸送血液的血管也被徹底扯斷了。即使勉強把骨頭用鋼釘連接，但沒有血液的輸送，整個右腳掌組織終究會壞死枯萎的。」

「所以很抱歉，我們必須把你的右腳踝連同腳掌同告切除。」這是醫生最後的判詞。

聽到這冰冷的判詞，我並沒有做出即時的回應，只是我的眼淚卻安靜地流下來了。不只是我，身邊的朋友也默默地在流淚，整個病房出奇的寂靜。

「因為你的生命沒有即時危險，而你是處於清醒狀態的，所以我們需要得到你的同意，才能進行切除手術。」主治醫生在等著我的首肯。

「我不同意！」我斷然地回答。「你不可以拿掉我的右腳，不可以拿掉我的自由！」這是我死而復生後，所說的第一句話。

「你先冷靜聽我解釋，組織壞死有可能導致敗血感染，到時候會有生命危險的。」醫生勸說。

「那請不要救我，讓我死掉吧。反正我已經到過那裡了。」我出奇平靜地說著。如果早知道回來有這樣的結果，當時我便二話不說地選擇「離開」。我開始感到後悔，瀕死時我應該跟著光源離開這現實世界，怎麼樣也比變成一個殘廢的人好啊！

在瀕死的世界裡，我感到了從未有過的寧靜與安詳，與現實世界相比，活著簡直是一件無比痛苦與無奈的事情。

聽到我這樣的回答，所有人都愣在那裡，不知如何是好。這時，嗶嗶的聲響從我身旁的儀器不斷發出，我的意識開始變得模糊。

「醫生，傷者血壓正在下降，讀數只有八十／四十，需要立刻輸血急救。」這是我昏迷前聽到最後的聲音。

死神不是已經把我送回原來的世界嗎？我以為我將會重新再活一次尋找答案，然後再回到那光海，為我的人生做出真正的最後選擇。但是，為什麼會變成這樣？

難道之前所經歷的一切都只是幻象？根本沒有靈魂、沒有光海、沒有光的聲音，我只是做了一個跟死亡有關的夢。

我的意識開始慢慢地消失……

第一章　活著的痛

生命的流逝

再次醒來，已是三天以後的事。

我稍微張開眼睛，發現自己躺在一個陌生的房間，天花板泛著雪一樣的白色，中央的位置懸掛著一把上了年紀的電風扇。我嘗試轉動眼球環顧四周環境，我看見了四面純白色的牆，牆身並沒有多餘的裝飾或不必要的家具。唯一例外的，就只有對面牆上的一面圓形掛鐘。

這掛鐘像是專為病人而設的，不論從角度或是高度去看，都是經過精心調研，以確保擺放的位置恰好坐落在病人視線範圍的中央。

為甚麼非要提醒病人時間不可？時間對一個病人有著什麼特別的意義嗎？

我看著秒針徐徐地向前滑動，心臟竟不期然地以相同的節奏跳動著，這種同步性引發出一種奇異的共鳴感，讓人有種說不出的踏實安穩。

時鐘好像正一點一滴地記錄著時間，時間的流動彷彿在告訴我生命正在穩步向前。在死亡的國度裡，我找不到任何時間的憑證，沒有心跳、沒有呼吸，一切沒有所謂的節奏。現在，所有事物都隨時間動起來了，我還活著，但生命正在流失。

我看看身體的四周，發現身旁擺放著許多監控生命的電子儀器，身上更插滿了多條的透明導管。玻璃瓶裡的生理鹽水與維生營養液，正透過滴漏方式輸進身體的血液裡。高濃度的純氧從面罩源源不絕地送到口鼻，讓血液的含氧量維持在穩定的高水平。就連膀肛裡的尿液，也是直接經由導管輸送到懸掛在體外的塑膠容器裡。我只要躺在那裡便可同時完成消化、呼吸及排泄等生理工序。

接著，我嘗試挪動自己的身體，可是卻完全使不上力氣。我的四肢被緊緊包裹得像木乃伊一樣，一動也不能動，眼球可能已算是全身最能活動自如的器官了。經過一輪的掙扎，身體到處都是殘留的痛楚，於是我放棄了。

我安靜地躺在病床上，看著天花板上旋轉的電風扇，一圈走過又一圈。

這時，一位中年女護士走過來。「你醒來了，暫時不可以亂動身體啊！我立刻去叫醫生。」女護士既興奮又緊張地跑離了房間。

「你好，我是你的主治醫師。你已經昏睡了三天，你聽得見我説話嗎？」醫生輕聲地對我説。

我輕輕地點頭回應。

「你知道你是誰嗎？記得發生過什麼事嗎？」醫生繼續問。

「我發生了墜機意外。」可能因為長時間沒説話的關係，我的聲音變得異常的沙啞，聽起來有點陌生。

「你真是命大！從這麼高的天空摔下來，居然還能奇蹟生還。你的四肢受到不同程度的複合性骨折與筋腱斷裂，但以這傷勢來説，你比任何人都算幸運了。」

「我們替你進行了多項的外科接駁手術，加上你身上大小的傷口，我能想像你現在一定非常的痛，而這痛更可能會維持好一段時間。你的左手有個小型握鈕，只需輕按一下，嗎啡便會從點滴瓶灌注到你的血液裡。嗎啡雖然能有效止痛，但過度使用會使你上癮，性質跟毒品無異。所以必須克制地使用，不要過分倚賴它啊。」

「我真的感到很痛，已分不清痛到底是從那裡傳來。」我無力地回答。

「先好好地休息，你的生命力比任何人都強，一定會很快復元過來的！」醫生安慰道。

遺失的記憶

對於意外的發生經過及瀕死時的離體經驗，我有著極其深刻的記憶，能清楚回想起當時的每個景象。但之後的搶救過程，我只有大概的印象及一些零碎的片段，許多細節也記不起來。就像拼圖的中央，有幾個小塊散落了，記憶畫面無法順利的連接。

醫生解釋說，這是常見的腦震盪後遺症，大多只屬短暫性的。

接下來的數天，醫生和護士們早晚都來替我檢查傷口、量度各項生理指標，以及注射消炎抗生素等。醫護人員十分用心地照顧我，但他們有一個奇怪的習慣，就是很喜歡搔癢病人的腳板，就連探病的朋友們，也都這樣跟我鬧著玩。

可能是這裡的一種另類文化吧，像打招呼或握手一樣。

有一次，我終於忍不住向其中一個朋友詢問，為什麼會有這樣奇怪的習俗？

「你不知道我們在做什麼嗎？這不是什麼奇怪的文化啊，我們都在擔心你的右腳……」朋友欲言又止。

「我的右腳怎麼了？」我不解地問。

「你忘記了送院時醫生的建議嗎？你腳踝的血管都斷裂了，醫生本來是要動手術替你切除的，只是你寧死也不同意，後來你因失血過多昏過去了。」朋友說。

「要切除我的右腳？怎麼我沒有任何的記憶？」我木然地重複著。

「因為當時你是清醒的，所以醫生只好遵循你的意願，用鋼釘把整個腳踝關節硬接回去。但醫生早已表明，如果血液沒有順利流通，一星期以內組織還是會衰敗壞死，到時候只得把整個右腳腳掌切除。」朋友們一片死寂。

今天剛好就是手術的第七天了

原來我出現了選擇性失憶現象！但我相信這並不是什麼腦震盪的後遺症，而是潛意識自我保護機制引發的壓抑。當遇上重大的危難或傷痛事故，身心快要到達崩潰邊緣時，潛意識便有可能啟動這壓抑機制，把驚嚇傷痛的記憶強行埋沒消音，以保護心理系統的正常運作。

我的那段記憶線路被切斷了，所以一點印象也沒有。

或者其他人見我絕口不提這事，也不敢特別詢問，只默默地等待檢查結果。醫生與護士們每天都在做知覺與溫度的檢測，根本就不是跟我鬧着玩。

就在這個時候，醫生拿著厚厚的檢查報告進來了。他小心地翻開包紮用的紗布與綁帶，逐一按壓我右腳的每一個部位。

我開始感到害怕，心臟發出巨大的心跳聲，雙手微微地在顫抖。朋友們也退到一旁不敢發聲，像是在默默地為我禱告一樣。

「真是奇蹟！你的腳踝與腳掌完全沒有壞死的跡象，血液好像從什麼神祕的管道流過去了。你的生命展現了一個又一個的奇蹟！」醫生托一下他的眼鏡露出驚嘆的表情。

所有人都鬆了一口氣，就連房間的空氣也像重新流動起來。

「雖然你的右腳是保住了，但接下來的康復治療，恐怕比你想像的要艱鉅得多。你必須做好心理準備，因為這將是一場漫長且孤獨的戰爭，更可能是一輩子的戰爭。我希望你可以堅強地克服過來，再一次給我們展現生命的奇蹟。」醫生寄予無限的支持。

「有時候，醫生的信念，也是靠病人的奇蹟來支撐的。」醫生最後說道。

親人的味道

如按照原定的行程計畫，我已經完成飛行訓練了，今天應該準備啟程回家，但在此刻，回家彷彿已變成一件遙不可及的事情。我並沒有即時告訴家人我的意外受傷，因為不想讓他們擔心害怕，也許等身體狀況穩定後再說吧。

從小到大，我都習慣自己一個人面對問題，根本不懂得如何跟別人一起共渡難關。因為我相信，自己的問題只有靠自己才能真正解決。

在受傷的第八天，身體出現了一些緊急狀況，我開始發起高燒。因外科傷口太多，一時間還不能確定感染的源頭。痛楚加上高燒，我整個人很快開始虛脫。我硬撐著身體，打了一通電話給哥哥，因為想給哥哥一個心理準備。如果我真的離開了，至少需要一位家人替我處理所謂的身後事，爸媽年紀大了，哥哥是這世上唯一的選擇。

在電話裡，我只簡單交待自己在紐西蘭飛行時摔倒受傷，會在當地多留一會休息。我告訴他不用擔心，騙說只是醫院的例行家屬通知而已。哥哥本想追問下去，但都被我敷衍過去，我最後急忙地掛了電話。

那時候，哥哥剛好停職攻讀會計碩士，本來在澳洲過著寧靜的學生生活，被我那通突如其來的長途電話打破了。哥哥收到電話後心裡感到非常不安，更因為之後再也沒辦法聯絡上我，他預感到我一定是發生了什麼不好的意外事故，否則以我的獨立個性，是絕對不會做這樣的例行通知。

他到處查問，最後竟在網路上找到這樣的一則新聞：「一個香港青年在紐西蘭駕駛滑翔機時，發生罕見意外。飛機在一百多公尺的高空失控墜落，青年奇蹟生還，但身體多處骨折情況嚴重。中國領事館人員前往探望，還嘉許中國人有摔不死的精神……」

雖然報導並沒有附上傷者的名字，但哥哥一眼便看出我是那名「香港青年」，這可能就是兄弟間的感應吧。哥哥得悉我的意外後，當天便趕緊從澳洲飛來。

那時，醫生開始替我輸血，把強力的抗生素注射進我體內，監控生命的記錄儀器也全亮著，整個加護病房的溫度瞬間升高起來。但沒多久，我便進入半昏迷的狀態。

雖然我安然渡過了最危險的時期，但正如醫生所説，這不過是一個開始。往後的幾天，高燒逐漸減退，感染情況被控制下來，血液裡的白血球數量也回復到可接受的範圍。

矇矓之間，我好像看見了哥哥。他站在我身旁，默默地在哭泣。我彷彿聽到他説：「我是來帶你回家的。」但我已分不清那是真實還是夢境。

從那天起，哥哥整天都留在醫院裡，白天負責照顧我的飲食起居，晚上就睡在病房的椅子上。雖然醫院每天定時供應三餐，但都是一些味道單調的西式食物，我完全沒有食慾，加上害怕進食後要上廁所，所以當時的我，已經超過十天沒有吃過一口東西了。

「醫院裡的食物也夠難吃的，不要說病人，就連正常人看見也沒胃口。」哥哥吃了一口我的魚柳午餐。

「在雪梨唸書時，我一直在一間華人餐館打工當兼職，那裡的廚師是一名六十多歲的移民華僑，我跟他非常熟稔。這兩年間，我學會了烹調很多的中國菜式，你想要吃什麼嗎？」哥哥問。

我跟他說，我不需要任何食物，點滴瓶裡已經有足夠的營養液，我想要的就只有嗎啡而已。

但哥哥並沒有放棄，他每天早上都跑去唐人街市場，買來新鮮的食材，再借用我朋友家的廚房烹煮。雖然我不吃，但他還是堅持為我準備好吃或對病人有益的食物，不管是漢堡牛排或是粥粉麵飯……只要我願意吃就行了。

在第十二天的晚上，哥哥又從唐人街那裡買了一些乾麵條回來。

「這款中國麵條非常好吃，是餐館廚師的最愛，很少可以在國外買到的。這麵條一定要即煮即吃，口感爽滑細嫩，你一定會喜歡的。」

說畢，哥哥不知從那裡弄來一個電磁爐，放在我的床底下，開始燒水煮麵。由於病房設有火警偵測器，他只好蹲在地上，躲躲藏藏地一面搧走蒸氣，一面攪動麵條。

「不要弄了，等下給發現就麻煩了。加上在病床下煮食也不太合衛生吧！」我嘗試勸阻哥哥。

「不怕的！而且我有洗乾淨手啊，煮熟不會有問題的。」哥哥沒有理會我，繼續專心地煮麵，小心算準時間，怕麵條老掉失去彈性。

從我躺著的地方，隱約可看見一絲絲的水蒸氣從床下飄上來，水蒸氣夾雜著麵粉的淡淡香氣，充斥了整個房間。我們像處身一個虛幻的空間，回到小時候一樣，正偷偷背著爸媽做著不對的勾當，但此刻我們的角色卻對換了。一直以來都是哥哥當好人，我當壞分子的，總是我在教唆他做壞事……

過了不久，哥哥興奮地站起來，把麵小心地端到我面前，他的額頭還冒著豆大的汗。

我看著那碗麵，不敢正眼看著哥哥，心裡突然湧起一陣陣的酸楚。那種酸痛比起當時身上的傷口還要難受得多，不管按下多少次止痛劑的鈕，還是無法抑制那種感覺。

我終於張開嘴巴，把麵條一根不剩地全部吃光。我根本不知道麵條是什麼味道，我嘗到的是家人的關愛與痛心。

然後，我對哥哥說：「我們一起回家吧。」

第二章　壞死的骨骼

創傷後壓力症

醫生替我仔細檢查後，對我解釋說，「你的右腳踝關節情況十分不明朗，可能需要很長的一段時間才能康復。現階段我們並沒有什麼有效的治療可做，而且還要看折斷的地方能否癒合。」

「那情況樂觀嗎？」我問。

「坦白說，並不樂觀，這種複合性骨折極難癒合，而且治療亦十分艱鉅。現在唯一可以做的就只有等待。」醫生抱歉地說。

「我明白了。」

考慮過各種實際狀況後，我決定向醫生提出離開醫院回香港的請求。我不可能一直拖累著哥哥，他的學業與生活都因為我而停頓下來。

醫生再三勸我留下，因為我的意外醫療保險只適用於當地，一旦離開紐西蘭，醫療費用便需自行負責。

「你可能仍需接受多次的外科手術，加上長時間的復健治療，醫療費用將十分龐大。你考慮清楚了嗎？」醫生一再地提醒我。

「這裡始終不是我的家，我也不可能讓哥哥一直待在這裡照顧我，所以我還是選擇回去。」我堅持著要回家的決定。

由於醫生暫沒有任何有效的治療方法，加上我的堅持，醫生也只好盡量配合。

在意外發生的一個月後，我的身體狀況穩定下來，勉強達到了轉移的條件。我乘著救護車直接從醫院到達機場，在一名醫護人員的陪同下，經由特別通道登上航機，完全省卻了安檢及出入境審查等繁瑣程序。

我被安排坐在商務艙的最前排位子，醫護及空服人員花了很大的力氣，才順利把我從輪椅移到座位上。醫護小姐開始替我做起飛前的身體檢查，她手上拿著長長的檢查清單逐一核對，首先量度心跳、血壓、體溫、血氧含量作記錄，然後確保每個受傷部位都已穩妥固定，在做好的事項旁邊一一加上剔號。

一切都準備就緒，最後是扣上座位上的安全帶，我聽到清脆的「咔嚓」一聲。

然後，我的心也隨之顫動了一下。這是我墜機後的再次飛行。

我的腦海裡不由自主地浮現意外當天的畫面，看見自己正坐在滑翔機的駕駛艙裡，做起飛前的最後檢查……我擺動著控制桿，觀察副翼的移動狀況；踩上左右腳踏，檢查尾舵的操控；高度計、速度計、風速計、平衡儀……

「PW5，控制塔台；跑道清理 All Clear。」

同一時間，機長正進行起飛前的最後廣播。

我開始大口大口的喘氣，雙手用力地抓緊座位把手。

「你還好嗎？是不是身體不舒服？要準備起飛了。」醫護小姐緊張地問。

我回過神來。「只是有點累。可給我一條熱毛巾嗎？」我把熱毛巾敷在臉上，緊密閉上眼睛，嘗試放鬆緊繃的情緒，把自己從恐怖的回憶片段拉回來。

「我聽說你是因飛行意外而受傷的，所以這可能會觸及你的傷痛記憶，令你出現情緒波動或生理不適。」醫護小姐擔心地說。

「你是說創傷後壓力反應（Post Traumatic Stress Disorder）。」我回答。

「雖然我知道你是心理學專家，但如有需要，我可以給你鎮靜藥物的。」醫護小姐婉轉地提醒。

「不用了，這心理關口是我早晚要面對的。我希望用自己的意志去克服心裡的恐懼害怕，而不是藥物。」我拒絕了。

「你真的不用勉強的。」醫護小姐再次跟我確認似地說。

「我相信我可以再次飛翔。」我堅定地看著前方的空氣說。

民航機開始加速滑行，準備飛離跑道，而我的心臟也跟著加速跳動，血壓冒升。

我彷彿聽到拉動滑翔機的絞盤馬達急速在滾動，看見滑翔機的速度表板迅速爬升。我把控制桿往後拉動，PW5隨即飛離地面攀升，高度計顯示為意外發生時的一百一十公尺。

「PW5，控制塔；立即脫鈎！危險，機身偏側！」

我冒著豆大的冷汗，努力地調整呼吸，盡力穩定自己的情緒。我沒有選擇把畫面從腦海中驅除，相反地，我當這是一次真實的模擬飛行，繩索被卡死在機頭的扣環裡。

呼吸，深深的呼吸，先要保持冷靜。「先要保持飛機的平衡。」我開口對自己說。

接著，我踩動左腳踏，擺動尾舵，平衡左面吹來的強勁側風，令機身回復水平狀態。

「把機頭向下俯衝，強行拉開脫鈎扣環。」我再對自己說。

我把控制桿全力往前推，令滑翔機衝向地面。地面的景像不斷地放大，嘯嘯的風聲在耳邊流過。我緊握著控制桿不放……

突然，「咔！」的一聲響起，滑翔機終於脫離了繩子的拉扯，再度穩定地飛行。四周恢復了原來的景象與寧靜。

起飛後的安全燈號亮起，醫護小姐馬上解除安全帶，緊張地問：「你沒事吧？還可以嗎？」

「沒事。我可以了。」我像剛做完劇烈運動，有氣無力似的說。

十二小時的航程總算順利撐過了，飛機著落時，哥哥如釋重負地說：「我們終於回到家了。」

枯萎的骨頭

救護車早就在停機坪等候，我像稀有動物般被小心搬離機艙，趕緊移送到醫院去。好些朋友一直在急診室等候，看見我安然回來，大家立刻上前擁抱慰問。

「歡迎你回家！」朋友擁著我說。

「還好沒有撞花了臉！」另一位朋友開玩笑說。

「算是把手腳都撿回了。」我也開玩笑說。

聽到後，朋友們都忽然收起笑臉，神色凝重地說，「無論如何一定要趕快好起來，我們可以做的，只有在旁替你打氣。」

「這已經很足夠了，謝謝你們。」

之後，我就被推進去診症室，接受一連串的檢查。直至把我好好安頓在病房以後，哥哥才安心離開醫院。

回到家門，已經是凌晨一時多了。他佇立在家門口良久，看著白色的門鈴，怎樣也按不下去，因為他知道這一聲叮咚將不只吵醒父母的安睡，還有可能打碎他們的心。他回想起之前在澳洲接到的那通電話，在那一夜以後，他根本就沒有好好安睡過。

第二天醒來時，我已看到家人一聲不響地站在病床旁邊。

我曾經多次在腦海裡模擬跟父母再次見面時的各種情況，有痛心的責備，有默默的飲泣，有抱頭的安慰，只是沒有想過會是如此的冷靜平和。他們什麼也沒說，媽媽安靜地在為我準備營養的食物，爸爸低着頭替我預備日常用品。好像對他們來說，這是早已預料的事，現在只是再一次確認罷了。

由於臥床已好一段時間，我身上的肌肉迅速的萎縮，一個一百八十公分高的大男人，現在只有五十九公斤，雙腿的肌肉全消失了，快剩下皮包骨。那時候，我才深深體會到長期臥床的痛苦，生活中的每一項小事都得靠別人幫忙才能完成，自己活像是一個無用的廢人，那種無助與無力的感覺每天都在折騰我。

轉眼間一個月過去了，我的傷勢並沒有明顯的改善，痛楚也沒有舒緩的跡象。

主治醫生拿著一疊X光片跟我說，「最新的檢查報告出來了，核磁共振與電腦斷層掃描同時顯示，你的腳踝關節出現骨枯壞死的現象，關節的骨骼部分完全檢測不到血液的流通。我們相信是因為當時的複合性骨折，把輸往骨頭的血管徹底破壞了。」醫生像在做新聞播報似地向我宣讀這壞消息。

「可是在紐西蘭時，醫生曾對我說過，我的右腳奇蹟地保住了，怎麼現在骨頭又忽然枯死？」我難以接受地質問。

「是沒錯，你的右腳掌是保住了，可是我說的是連接腿骨和腳掌的關節，那時候醫生只是用特製鋼釘把斷裂的骨頭強行接合，裡面撕裂的血管是無法以手術連接的。雖然你的病例算是罕見，但像你這樣的複合性骨折，有百分之九十九的病人都會發生這樣的狀況。」醫生像回答試題一般地準確說明。

「那有什麼藥物或外科手術可以治療嗎？」我焦急地問。

「對不起，現階段我們沒有什麼治療可以做。首先腳踝的人工關節技術十分不成熟，改善非常有限，我們絕不建議使用。即使施行手術把人造血管植入骨頭裡，所承受的風險非常高，但成功率卻十分地低。也許唯一可以做的，就是等待腳踝的骨頭枯死塌陷以後，再把腿骨和腳掌骨接合，但你日後可能無法正常走路。」

「這樣就是說沒有可做的治療，只得等待骨頭慢慢枯死。」我重複著醫生的話。

醫生無奈地點頭，「也許會有奇蹟，那百分之一的例外。」

往後的檢查報告，基本上只是重複這個無可救藥的宣判。我就像收到了一張殘障人士的證明，上面寫著「肢體傷殘」，有效期至永久。

瀕死獲救後我身受重傷，但大難不死，已算是碰上了生命中第一個奇蹟。我被送到醫院搶救，當時醫生跟我說，我的右腳踝關節嚴重損壞，血管已經斷裂，建議我動手術截肢保命。我因為接受不了終身傷殘這個事實，所以拒絕進行截肢手術，之後更因失血過多而昏迷。三天後醒來，我的生命出現了第二個奇蹟——我的右腳掌並沒有出現預期的組織敗壞，得以僥倖保存下來。

現在醫生拿著檢查報告跟我說，我的右腳踝骨骼出現不可逆轉的缺血性壞死現象，以現今的醫療技術並沒有任何根治的方法，我被一致宣判為醫療無效。從醫學文獻研究推斷，我的右腳踝關節大概可以支撐一年的時間，骨骼隨時間將慢慢枯死敗壞。

這情況就如同沒有水分和營養供應的樹幹，最後只有塌毀碎裂的下場，到時候我將不能再以雙腳走路。

原來，我的奇蹟只是一個有期限的奇蹟。

我不知道可以做什麼，也不知道在醫院等待什麼。我的心情只變得越來越焦急難耐。看著窗外的風景，我感到自己正被囚禁在一個牢籠裡，那種無能為力的感覺正慢慢侵蝕我的意志與生命。

於是，我決定離開醫院。反正西方醫療已經對我的康復治療宣判無效，那我只好尋求西醫以外的另類治療。

孤絕的治療之路

一星期後，我坐著輪椅回到家，正式開始瘋狂的密集治療計劃。面對這人生的巨大的逆轉，我並沒有輕言放棄。相反，我選擇以更積極的態度，更高昂的鬥志迎接這命運的新挑戰。

從小到大，我從未依賴任何人，也沒有受過任何特別的照顧與幫助。我所有的成就、所有的夢想，都是靠自己的雙手努力爭取回來的。所以，我有信心一定可以再次復得失去的東西。至少，我是這樣相信的。

這段時間，我研讀了大量的醫療知識，做了厚厚的醫療筆記，認識到原來除了西醫以外，還有許多的古文明醫術與新時代的能量療法。我選擇以較熟悉的中醫系統，正式開始我的另類治療之路。

經由醫院物理治療部的病友推薦，我找到一位對骨傷非常有經驗的中醫師。這位醫師五十出頭，挺著一個中年大肚，看上去一點都不像經驗老到的中醫師。我第一次到中醫師的診所時還嚇了一跳，他的診所坐落在一個小商場裡，不但地方狹小，設備還十分簡陋，我在門外猶豫了好一陣子，才決定推門進去。

我把我的受傷過程與傷勢詳細地跟醫師說明，將醫生的診斷報告與X光片拿給醫師仔細研判。醫師對我的大難不死感到嘖嘖稱奇，對於我的五臟六腑都沒有受傷更是不可置信。他對我的右腳踝及其他傷勢做了詳盡的檢查評估，然後皺著眉對我說：「左膝的韌帶斷裂，與右手腕的複合性骨折都不是大問題，我有信心可以幫你治好，但右腳踝的問題，坦白說我並沒有把握，只能盡全力嘗試。我不希望給你虛假的希望。」

「只要有一絲希望我都不會放棄。」我並沒有感到失望。

「你不是一個普通病人，天生生命力十分頑強。我有一帖治骨枯的家傳祕方，曾經幫助過一些患 SARS 的骨枯病人，雖然你的情況有點不一樣，但或許真的會有奇蹟出現。」醫師恢復他一貫的笑容。

其實醫師的答案早就在我意料之內，但我喜歡醫師的坦白與真誠，所以我決定讓他替我治療。我的治療包括了針灸、草藥熱敷、中藥服用與手法治療等，每次治療最少得花上三個小時。起初我一星期會接受一次中醫治療，醫師總是一邊耐心替我治療，一邊給我支持鼓勵。

一個月下來，治療便得到一些令人鼓舞的進展，特別是在消腫與清除瘀血方面，那些難纏的紫黑血塊在受傷部位逐漸消散，右腳踝的痛楚也稍有舒緩的跡象。這些改善讓我對康復重新燃起新的希望，使我對中醫治療採取更積極的態度，治療次數也增加至一星期兩次。

同一時間，我也加強了物理治療的深度與次數，除一般紅外線、電磁波等正規儀器治療外，我亦自願接受能量較強的脈衝短波治療試驗。為了增加受傷關節的活動幅度，我特別請物理治療師替我進行高強度的手法治療，以外加的壓力強行伸展僵直的關節，感覺就像接受酷刑一樣，汗水與淚水都在這短短的數分鐘不停湧出。這種激進的治療伴隨了極大的痛楚，只有極少病人願意採用，但我還是一次又一次地請求復健師替我進行。

中醫與物理治療的初期成果很快得到體現，受傷部位的活動幅度顯著提升了，萎縮的肌肉也得到適度的強化，這讓我對康復變得更有信心，我相信以我的鬥志與恆心一定可以復元。為了加速達到以雙腳走路的目標，我為自己重新編排了一個更完整的復健計畫，除了一星期進行各兩次的中醫與物理治療外，我多加了一次氣功的活血治療，再加上每天的肌肉強化運動與藥膳食療，我的生活簡直排得密密麻麻，比從前更忙碌充實。

一個月的高密度復健治療，就在我的堅持與毅力下熬過了，雖然成績沒有之前理想，但總算正朝著康復的光明大道前進。即使身體出現吃不消的感覺，但很快就被高昂的意志力成功地克服過去。

治療的瓶頸很快在高密度治療的第二個月出現，早期令人鼓舞的康復進度開始停滯不前，不論是痛楚控制、關節活動幅度，或是骨骼癒合，都沒有任何明顯的改善。

正如醫生之前所說，我的康復比想像要艱苦困難得多。

第三章　病者無間地獄

垂死掙扎

雖然我有點失望，但並沒因此放棄或怠慢，相反地，我表現得更積極、更強悍，試圖突破這道治療的關卡。我不惜花費大量的金錢，尋找其他的另類治療，包括中國的蒙醫、藏醫、印度吠陀醫術、靈氣、能量療法等。我甚至採用過一些古法民間偏方，吃過蜈蚣、蠍子，以草藥及生公雞當外傷敷料，反正我已經沒有什麼可輸了。

或者該說，我那不服輸的性格，不知不覺滲進了我的治療計畫裡，我正以此生最激昂的鬥志與命運較勁，企圖以我的努力改寫這傷殘的結局。

就在這時，我的身體突然做出了重大的反撲。剛經歷重大創傷的身體，本來已經變得十分虛弱，正需要大量的休息以恢復元氣，但我不服輸與激進的性格，再一次把我的身體推進崩盤的邊緣。因操勞過度，多處肌肉都受到不同程度的拉傷勞損，肝、腎的功能指數更嚴重超出健康標準。我再一次被送進醫院，全身動彈不得。醫生替我檢查後，勸阻我必須要停止所有另類治療，讓身體休息復元，否則身體器官會比骨骼率先衰竭壞死。

現在，我就連呼吸進食都感到痛楚困難，更遑論進行任何復健治療。我只好再一次躺在病床上，我看著頭頂上的白色天花板，感到一陣無奈與無力，好像辛苦地走了一圈，最後又回到原來的地方，哪裡也去不了，什麼也沒改變，我的生命不斷在原地打轉。

次倒下的不只是身體，連我的信心也徹底動搖了，我從當初相信自己，慢慢變成懷疑自己。我感覺自己是在垂死掙扎，就像屠場裡待宰的一頭牛，一直在亂衝亂撞，以為可以逃過屠夫的利刃，但其實一切盡在屠夫的掌握之中：先讓瘋牛抱有最後一線希望，當牠花光所有力氣後，便會乖乖地引頸就戮。

長達四個多月的堅持與奮鬥，我感到極度的疲倦與氣餒。我想放棄了。

一星期過後，我的身體慢慢恢復，但為了避免再發生相同的情況，我被迫暫時放下所有另類治療。就在我苦無對策的時候，忽然從一位來探病的警察朋友口中，得悉一位隱世神醫的事情。

「據說此神醫具有特異功能，治病從不用藥，不但能以肉眼透視病人的身體內部，準確地說出生病的部位與狀況，更能以念力為病人隔空治療，瞬間把病患治癒。」

「會不會只是一些江湖術士，世間那有什麼特異功能啊。」我一臉懷疑地說。

「神醫曾經為不少達官貴人看診治病，並有許多紀念合照為證。這名神醫長居大陸，但這次碰巧來到香港，我剛好認識其中一位熟人可代為介紹引見。」警察朋友熱心地說。

其實受傷這段時間，我也曾聽說過許多所謂神醫、奇人的傳聞，但絕大部分都只是騙人騙錢的伎倆，不管身為警察或是心理學家，我都是絕對不會相信的。

「還是算了吧，我不想當警訊騙案中的愚昧受害者。怎麼說我也是受過高等教育、相信科學的人，我再想想其他辦法吧。」

「唉，這個我當然明白，但現在都已經沒有辦法了，只好死馬當活馬醫，什麼也試試看，說不定會碰到奇蹟呢。」

「謝謝你的好意，讓我好好想一想吧。」

壓碎心靈稻草

那天晚上，我一直在想神醫的事情，而「奇蹟」這兩個字不停徘徊在我的腦海裡。結果第二天的早上我給警察朋友打了一通電話。

在警察朋友的幾經安排下，我終於在一間五星級飯店的房間見到神醫。神醫年約六十，體型瘦削，身穿一襲整齊唐裝，看起來像是修道的讀書人。我一進房間，神醫便先請我的朋友離開，然後一言不發，近距離地對我上下仔細打量。他沒有查問我的傷勢，反而問了我的生辰八字，之後便口中念念有詞，掐手再算什麼似的。

我決定先試探一下神醫的功力。

「神醫，我的右腳到底出了什麼問題？」我並沒主動對神醫說明我的意外經過或傷患狀況。

「你的右腳已經廢了，不可能再走路。」神醫看著我的右腳說。

神醫只要細看輪椅上的我，不難發現我的右腳踝出現了嚴重問題。「那傷處為什麼久久未能癒合？」我追問。

「你的右腳踝關節經絡盡斷，我有再高明的醫術也鬥不過天命啊。」神醫搖搖頭說。

「你命犯天煞，日月年三沖太歲，大禍臨頭，能保住性命已算前世積福，只是你的右腳恐怕難以復元。」

「所以這不是單純的意外嗎？」我不解地問。

「意外前天魔已經降臨，但你對上天的警告卻充耳不聞。」

什麼天魔？警告？我聽得一頭霧水。

「你仔細想想，意外前是不是有什麼不好的事情發生過？」

我當場像被雷擊中似的，整個人愣住了。我忽然想起了一件很不尋常的事……

在墜機的前一天，一隻老黑貓無緣無故地鑽進飛行宿舍，還在我的枕頭底下，留下了一堆象徵不祥的排泄物。當天晚上，我更做了一個奇怪的惡夢，看見自己變成一隻沒有腳的大黑鳥，不停地在拍動翅膀，快沒力氣似地不斷往下沉……

「那有什麼方法可以把經絡接回去嗎？我還很年輕，不想就這樣終身殘廢。」我求神醫把我的腳治好。

「這得花很大氣力，還有費用可不便宜，因為除了治療外，後得替你祈福消災解厄。」神醫面有難色地說。

「只要有一線希望，我都願意嘗試。」

「上天有好生之德，且看你跟祖師爺的緣分吧。」

神醫說治療必須連續進行三天，但光是一次治療就已經要上萬港元的收費，之後的祈福更得另外計價。我問神醫可否先治療後祈福，因為我沒有這麼多現金。神醫最後勉強答應，開始以特異功能替我隔空治療。他不時口中念念有詞，並對我的右腳踝比手畫腳，我感到右腳踝有一陣灼熱的感覺。雖然只是治療十多分鐘的治療，神醫卻向花盡氣力似地一臉倦容。

之後的兩天，我依相約的時間到飯店找神醫，房門外已經有好幾位病人排隊等著。神醫以昨天相同的方式替我治療，每次治療時間也不超過十分鐘。當完成第三次治療後，我問神醫經絡是否已經重新接回？什麼時候可以重新走路？

神醫回答：「腳基本上已經治好了，但筋骨破損得休養上百天，最終能否走路還得看祈福的結果。」

神醫催著我盡快把錢匯到大陸的一個戶頭，收到款項後立即替我進行法事。翌日，神醫便離開香港，返回大陸。

我趕緊到醫院做了一系列檢查，可是結果卻跟之前一樣，骨骼並沒有癒合，血液也沒有流進骨骼。對於神醫的治療，我心裡感到十分不對勁，特別是祈福的部分，總覺得像是一場騙局。

有一次，我到中醫師那裡做針灸治療，醫師看我心情忐忑不安，問我是不是發生什麼事情了。我略帶羞愧地把神醫的事情說出來。

醫師聽後搖搖頭對我說：「你應該是被騙了。雖然我不否認世界上真的有隱世神醫，但能擁有這樣異能的高人，應該都是濟世為懷，而不是恃才斂財的。你遇到的可能只是一個懂得算命的氣功師父。我之前也從其他病人口中聽過類似的經歷，只是沒有一個是真的神醫。」

「坦白說，我一直也不相信這種事情，但沒想到當禍事臨門，我竟然選擇相信這些鬼神荒誕之說。」我低下頭說。

「會找這種神醫的病人，都是到了病急亂投醫的地步，尋遍各式各樣的偏方治療，所以即使最後病患痊癒，也難說是這些怪力亂神真的奏效。但即使沒效，這些神醫也可推說是個人業力或命運鬼神的造弄。」醫師苦口婆心地說。

原來人到絕路時，只要身旁有什麼可以抓住的東西都不會放過，哪怕只有萬分之一的機會，哪怕十之八九都是騙子。我也弄不清這叫做「相信奇蹟」還是「渴望奇蹟」。

「其實你已經盡力了，康復這些事情急不來的，而且相信自己遠比相信別人重要啊。」醫師最後安慰我說。

「只是我不知道該如何再相信自己……」

我不但懷疑自己所堅持的信念，信心也逐漸動搖崩潰。

墮入無間地獄

愚蠢的神醫事件，其實不是壓死駱駝的最後一根稻草。不如意的事並沒有因此而結束，反而只是厄運的開始。上天像是考驗我的能耐一樣，不斷地從生命中奪去我所擁有的一切。之前在投資市場賺到的豐厚金錢，被一個錯誤的決定吞沒殆盡，龐大的醫療開支更為我造成沉重的生活負擔。我在紀律部隊的前途，也因這一次受傷而劃上句號，我變成了一個各部門都不願收容的傷殘冗員。就連交往三年多的女朋友，也在我人生最失意的時候離我而去。

三十年來累積的所有成就，就這樣在一瞬間消失殆盡，現在的我，是真正的一無所有了。我從意外前的人生高峰，突然墜入意外後的幽暗低谷裡，我像是戰敗的傷殘士兵，徹底地被擊倒了。不只是身體，還有我的心靈，長久以來的自信終於崩潰瓦解……

最後讓我倒下的，是「不再相信自己」這個事實，我整個人已經陷了真空狀態，什麼也不是、什麼也沒有。我曾經努力反抗，現在敗下陣來也無話可說。

失掉信心以後的我，不僅對治療提不起興趣，對身邊所有事情也開始視若無睹，好像這世界的一切已經跟我毫無關係，我不再需要這個世界，這個世界也不再需要我了。我只要定時吃飯，定時睡覺，好好等待傷殘命運的降臨就好了，反正我什麼也改變不了。

我的情緒開始出現問題，或是長期壓抑的負面情緒終於失控爆發。

我的情緒變得比以前更煩躁不安，有時候我內心突然翻起無明的憤怒，不停地咒罵上天，或抱怨自己身體的不爭氣。每當看到窗外偶爾飛過的小鳥，我更感到一份莫名的諷刺。對於自己的遭遇，我感到憤怒不平；對於自己的無能為力，我變得沮喪悲哀。一次又一次地，為了一些瑣碎小事對家人發脾氣；摔破東西的同時，也撕碎了彼此的心。

有時候，一陣恐懼來襲，我害怕從前完美的自己被人遺忘，害怕接受往後不完美的身體。所以我逐漸跟我的身體疏離，我不喜歡別人提及我的傷痛，我盡量減少觸碰我的雙腳，可能的話我寧願躺下來睡覺，或是觀看一些不用思考的無聊電視節目，用來殺死生命中多餘的時間。

有好幾次，我拿起尖銳的小刀刺向小腿與腳掌，以痛的感覺確認它們的存在。有時候痛的感覺變得模糊，我只好把小刀用力刺進皮膚，直到看見紅色的液體流出，才得以確認我的意外是真實的。

我害怕前半生的努力都只是徒然，更害怕想到以後的人生。現在的我，彷彿和以前的我不再有共通點。我，甚至和現在的我也找不到共通點。最後我跟自己的內心也疏遠了，我陷入了極度的迷失，我不停地在問：「我是誰？」

此時，我真希望自己能安靜地死去，睡著以後便不再醒來，免得自己與所愛的人同受煎熬，這樣的結局對所有人來說應該是最好的。

我患上了嚴重的憂鬱症，不只身體傷殘，心靈同樣是殘障的。我感到走投無路，我絕望了，死亡是我唯一的最後解脫。我已經計劃好了，當骨骼枯萎崩塌，就是我離開這個痛苦絕望人生的時候。

在完全放棄治療後，老媽對我就只有一個請求：「兒子，讓我繼續為你推輪椅好嗎？每天讓我推你到公園裡坐坐好嗎？」

之前，老媽每天都會把我推到不同的地方做治療，只是我已經拒絕再出門了。我看著老媽，一時間竟說不出話來。面對老媽那像是卑微的請求，我內心湧來一份深深的歉疚。

我轉個身背對著老媽，表現出一副極不耐煩的樣子，冷冷地點頭，算是勉強答應了。但其實我只是強忍著淚水，哽咽得說不出話來。

那段日子，我常重覆做著同一個惡夢。我夢見自己變成一隻逞英雄的蟑螂，牠拒絕被趕出廁所而極力逃跑，由於牠的存在與外在環境極不協調，只好一直隱身在黑暗裡；雖然牠沒做錯事，有一天卻被人用力地踩在牠的尾巴上，蟑螂只好自斷身子，拖著前半截身體離去。牠能做的只有盡力去配合外在處境，不僅得接受自己的命運，還得嘗試去理解它。蟑螂看著自己被螞蟻吃得只剩空殼的下半截身體，透過這個被吃空的軀體去觀看天空，在這猥瑣的世界裡繼續無知無覺地生存。

醒來時我跟上天說：「殺了我吧，否則你就是個兇手。」

第四章　尋找醫療天團

消失的自我

在接下來的一個多月時間，每天到公園呆坐，變成我生命唯一的活動。老媽每次都會將我推到太陽能照耀的地方，讓溫暖的金色陽光把我包圍，然後她便會先行離開。我就安靜地在那裡等待時間流逝，直至黃昏日落，殺死多餘的時間，磨掉剩餘的人生。

這是我受傷以後首次真的停下來，什麼也不想，什麼也不做地安靜坐著。有時候，自己像沒焦點般坐著發呆，默默盯著同一片草地良久，腦袋心思都像被掏空似的，然後慢慢忘記了時間，忘記了自己是誰。這有點像催眠時的出神感覺，把自己的意識跟身體分離，這讓我回想起瀕死時的出體經驗。

我開始習慣以這種抽離方式生活著，不帶任何感覺，就像一個活死人一樣。這時候，世界開始變得寧靜起來，馬路的車聲與公園裡的人聲逐漸遠去，我只聽到自己像風的呼吸聲。再來是情緒的消失，我不再感到哀愁或憤怒，也沒有喜悅或快樂，心裡只感到寂靜。我逐漸在這個世界褪色、消失。

坐在輪椅上，我好像回到小時候，身高從一百八十公分縮小至不到一百公分的高度，看到的寬度跟深度不但比從前狹小，視野更只有以前的一半。可是當我**變成用小孩的高度看世界，老人的速度過生活**時，我反而看到了非常不一樣的世界。

每當我靜心細看這片孤獨的小公園，我便發現城市人的生活跟這大自然有多麼地不協調。這裡不論花草樹木或是飛禽走獸，都各自有它們的作息規律與生活節奏，像花開花落、風吹雲動、日轉星移，萬事萬物都有著它們的步伐。在這片被遺棄之地，我找到了風的節奏、雲的節奏、動植物的節奏——這些不同的旋律共同譜出了大地的節奏。更奇妙的是，即使各自有不同的節奏，卻能和諧共處，沒有競爭、沒有比較。

但唯獨只有我自己，好像不屬於這幅大同世界的圖畫，因為我沒有找到自己的節奏。從前的我，總愛把生活排得密密麻麻，不是跟別人在比拚，便是跟時間賽跑。我所謂的生活意義，就是在最短的時間裡，完成最多的事情，拿最多的成就，讓生活看起來過得比別人充實、活得比別人精采。於是我開始趕著工作、趕著學習、趕著玩樂，就連吃飯、休息也都在趕著。

當我習慣了追趕的節奏後，我再也分不清，到底是我在追趕生活，還是生活在追趕著我。但如今我再也不能走動，就連基本的治療也放棄了，每天擁有用不完的時間，可以閒適地好好坐著。這時我才發現，原來自己從未認真地看過這個世界，沒有踏實地經歷每個當下，不管是大事、小事，或是瑣事；不管是重要時刻、休閒時候，或是無聊時間，我好像都沒有真正地活過。

我從大自然的世界中，看見了何謂生命的流向與節奏。

無條件的愛

有一天下午，我在一處毫不起眼的草地上，看見了一則重要的生命訊息。我在輪椅的車輪旁邊，拾到一張被人撕剩一角的傳教單張，上面寫著：「**喜樂的心乃是良藥，憂傷的靈使骨枯乾**。」語句是來自聖經的《箴言》17：22。雖然我並沒有特定的宗教信仰，但卻深深感到這是上天給我的重要提示。

我開始反思病患到底是什麼一回事？什麼才是真正的病因？什麼才是真正的良藥？這個傷病彷彿把我的固有觀念徹底地打破，不只是對治療、甚至是對生命。

在這場傷病意外中，媽媽是我身邊眾多的親友裡，最能面對現實的一位。從她知道我的意外起，一直都是以一顆平常心去面對，希望能努力改變的同時，也坦然接受我未來可能出現的傷殘。

對於一開始我採取的激進態度，她並沒有說什麼，只是默默地表示支持，日夜把我推到不同的地方進行治療。她的行動就像是對我說：「去吧，孩子！做你所想做的事情，堅持你所信仰的，我都在你的背後支持你。」

就算到後來，我變得消極放棄，她也沒焦急責罵，沒給我半點壓力。媽媽像是躲在我身後的幽靈，只要我有任何需求，隨便的一聲呼喊，她便立即在我面前出現。她甚至還沒等我開口，已經準確地把我想要的東西奉上，我懷疑她一直默默地站在我背後，進行各式各樣的監視觀察，確保我不會逃離她的掌控之中。這讓我想起受傷前的警務工作，探員總是埋伏在街裡的暗角，或是假裝成買菜的路人，實質是暗暗監視著嫌疑犯的一舉一動。

媽媽像是在對我說：「沒關係，累了便休息吧，無論你變成怎樣，都是我的孩子，我都在這裡守護著你。」

媽媽那種那種默默地陪伴，不知不覺間一直支撐著我，在那時候給予我精神上莫大的安慰。這可能就是母親對孩子無條件的愛，不管面對順境或是逆境，總是能豁達地接受，默默地支持與守護。

她讓我慢慢明白，其實不是世界不能接受我，而是我不能面對自己的不幸。不論我的積極還是消極反應，都只是反映我對傷殘事實的不能接受與害怕，所做出的反抗與逃避。「不能醫治」不就是在說明：沒有所謂積極或消極的治療嗎？因為治療這個東西根本就不存在。只是一直以來，我不願意承認這個殘酷的事實。

但是，媽媽並沒有放棄我，也沒有放棄相信我，她只是在耐心等待，等待我能再次起來，繼續創造下一個奇蹟。

智慧老人

理解到這些事情後，我的心開始變得沒有那麼封閉。有一天，當我如往常一樣在溫暖的太陽底下發呆時，竟在無意間睡著了……

睡夢中，我沿著一條昏暗的通道，走到一扇大門前，大門並沒有鎖著，門縫透出一線光。我推門進去，赫然發現門內有人，那人竟是我自己！而且，在那裡面，不僅僅是有一個我，而是有許多個我！

每個我，都是以不同的形象，同時存在著：一個是肌肉發達、孔武有力的我，他雙眼充滿憤怒，緊握著雙拳；另一個是瘦弱的我，年紀大約只有七、八歲，他的身體不停地顫抖，瑟縮在房間的一角；其中的一個我戴著眼鏡，手上拿著厚厚的書本，像是一個明哲的學者；然後我看見一個叨著香菸的嘻皮，拿著酒杯，露出輕挑的笑容；旁邊的我是個頭戴假髮、手中拿著天秤計算審判的法官；還有一個穿著蓬裙在跳芭蕾的女生，她居然也長得和我一模一樣。

還有更多更多的我在那裡，而我只是「我們」其中的一個。我開始分不清楚哪個是原來的我，哪一個才是真正的我。我感到混亂害怕，想要離開，但剛才進來的門已經消失了。我被困在那不知名的空間，被不同的我奇怪地打量著。

這時，有一位老人向我走來，他的眼神充滿智慧，面容安詳平靜。我一時間，也不知道該如何稱呼這個年老的自己，就暫且稱他為智慧老人吧。

「這裡不像是瀕死的世界，這裡到底是什麼地方？」我問智慧老人。

「這裡是你的內心世界，或者說，是你的深層潛意識。」智慧老人回答說。

「那我是誰？哪一個才是真正的我？我跟他們又有什麼分別？」我問。

「你是他們，他們也是你，我也是你啊。」智慧老人回答著。

我頓時語塞，什麼話也說不上來，只有一臉的茫然。

「這裡還存在著更多你不知道的『你』，只要你想見誰都能看見。」智慧老人像在暗示我什麼似的。

「你是說我患有多重人格障礙嗎？」我想起了這是典型解離性人格障礙的特徵。

「我是說，你擁有無限資源。生命有著太多可能，只是你相信得太少了。」智慧老人感慨地說。

「那些都是我的資源？」我喃喃自語著。

「那些都是你的潛能。」智慧老人彷彿在回應我說著。

「那你可以幫我離開這裡嗎？」

「你既沒有進來，更不可能離開啊。因為你不存在於你以外的世界。」智慧老人回答說。

智慧老人繼續說著：「雖然你離不開你的世界，但是你可以離開這個空間，只要你能回答我的問題。」

「什麼樣的問題？」

「在你的生命中，失去什麼是你最不能承受的？只要你能找出答案，我可以幫你回到原來的地方。」

「我生命中最不能承受的？」我思索著他的問題。

我最不能失去的是什麼？財富？愛情？親人？健康？還是自由？這全部都是非常重要啊，可是卻不像是我心中的答案。我再次從我所擁有的東西中，逐一衡量排序，還是沒有找到答案。

突然之間，我想起了瀕死時所看到的境象，特別是那個三十歲的生日。我明白了。

「失去夢想的人生，是我最不能承受的。」我回答。

智慧老人笑笑地回應，「知道這個便足夠了。我們還會再見面的。」

「我還有很多關於治療的問題想問你。」我心急地說。

「治病要先治心，所有的治療都是始於自癒、終於自癒。留意你的四周，大自然會給你指引的。」智慧老人這樣說著。

「那我要怎樣才可以再找到你？」

「你只要記著，我們活在同一個內心世界，我就是你，你就是我。有需要的時候，你可以找到任何一個『你』。」智慧老人說。

然後，那扇大門突然在我身後出現，我回頭看著許許多多的我，向那裡的我道別。離開前，智慧老人特別送了兩句話給我。

「**把我捨棄才有我，個個是我不是我。**」

我想，我懂這話的意思了。

我沿著通道回去，在通道的盡頭看見了光。我朝光走去，眨一眨眼睛後，回到了現實世界的小公園，發現自己仍坐在輪椅上，被溫暖的陽光所包圍。

隱藏的治療室

我意外地闖進了一個未曾到過的潛意識層，但卻因為這次的經驗，我像突然醒悟到什麼重要的東西似的。一直以來，我都只顧往外尋找治療的良方，花盡氣力仍遍尋不獲。原來還有一處地方，我竟忽略了。

我的腦海裡，冒出了一個瘋狂的想法。「也許這就是離開困頓的方法。但在這之前，我必須先找一些人幫忙。」

疾病真正讓人恐懼的地方，不單是為人帶來害怕與痛苦，更會剝奪人的意志與思想。現在的我不只是身體傷殘，心靈同樣殘缺不堪，所以我必須脫離這個讓人心盲無明的悲劇者身分，尋回我的能力與智慧。

我想到了可以用自己熟知的催眠技巧，走進內心世界，往內尋找我的最強醫療團隊。在潛意識世界，每個我都是內在的珍貴資源、我的潛藏能力。這可說是智慧老人提醒我的重要事情。

我的療癒之路尚未結束。相反，現在才是真正的開始……

經過多番的努力嘗試，我終於成功進入深層潛意識。在那裡，我找到了心理療癒室的大門。我按下門鈴，聽到「叮噹！叮噹！」的兩下鈴聲，我耐心地在外等候著。過了大約一分鐘，並沒有任何人應門，我只好再按一次門鈴，但還是沒有任何回應。我輕輕轉動門上的把手，門並沒有上鎖，我輕易地推開了大門，走進治療室裡去，那裡一個人也沒有。

大門後面是一條深而長的白色走廊，兩旁鋪上潔白的瓷磚牆，天花板是一排排的白色燈管。地面是灰白的合成塑膠地板，地上還留有清潔後的消毒藥水氣味，這跟我在現實生活中進出的醫院有點相像。我沿著走廊慢慢向前行，跟從牆壁上箭頭指示的方向，然後在走廊左邊的第一間房間停下，門上寫著「心理學教室」。

我禮貌地輕輕敲門，敲門聲在安靜的走廊回響著，門樑上有一盞綠色的燈亮著，代表我可以進入。

房間的中央有一張寬大的辦公桌，辦公桌的椅子上坐著一位老男人，他的兩鬢斑白，看上去已是個七、八十歲的老頭。他的雙眼炯炯有神，戴著一副金框眼鏡，面容顯得十分祥和。他的身後是一排寬大的書櫃，上面整齊的擺放著各類心理學教科書。

他就是第一位我要找的人——心理學教授。

第五章　心理學教授

潛意識學堂

「歡迎你到來，我等你很久了。」教授跟我握手表示歡迎。

「你好，我是專程來尋找有關治療的知識與方法的。」我向教授道明來意。

「你本身不也是一個心理學專家嗎？」教授反問。

「意外以後，我的腦袋就像被掏空了一樣，那些曾經擁有的專業與知識全都不見了。我變成一個完全的病患，不論是思想、情緒與行為，都跟悲劇裡的病患一模一樣。」

「病者的確是個難纏的身分角色，不但會癱瘓人的思想，更會製造出極高劑量的負面情緒，如果不小心掉進去，就很難掙脱出來了。」

「所以我必須變回一個心理專家，只有這樣，我才可以發掘出如奇蹟般的治療方法。」我請求教授幫忙。

「這很簡單，這些全都是你原本擁有的潛能與智慧，我只是替你再次打開而已。」

「我相信我一定可以在潛意識中找到救回自己的方法。」我堅定地說。

「那我們先從意識的結構開始吧。」教授開始講解，「精神心理分析大師佛洛伊德，曾經把人的意識架構比喻為一座水中的巨型冰山，浮出水面的峰頂稱為顯意識，即是我們平常清醒時的意識狀態。這包括了我們身體的感知覺，透過五官五感所接收到的感官刺激。此外，我們當下思想與周遭經歷的認知，也屬於顯意識的管轄範疇。它負責處理人類清醒時的日常生活工作，喜歡運用邏輯性思考，擅長從事分析工作，為我們做出各項現實生活的選擇與判斷。」

「雖然顯意識看似是我們所知的內心全部，但其實它只佔整個內在意識極小的部分。」我回應說。

「說得沒錯。顯意識下面一層稱為前意識或半潛意識，前意識主要承載短暫記憶，像是一些清醒時不以為意，但一下子便能想起的事情，例如昨天所發生過的人和事。只是短暫記憶的容量極為有限，其容量中位數大概平均為七項左右。短期記憶要不就被瞬間遺忘，要不就需透過複述練習，被儲存到潛意識作為長期記憶。」

「就像是電話與身分證號碼的長度。」我比喻說。

「深入水下的冰山主體，便是所謂的潛意識。潛意識好比一部容量無限的實時攝錄機，那裡完整地保存了我們自出娘胎起的記憶，只要能找到有效的索引與路徑，我們便能尋回所有自己曾經經歷過的片刻，那些我們以為已經忘記的過去，都巨細靡遺地記錄在潛意識層裡。這些長期記憶被潛意識有系統地劃分成不同類別，可以透過不同的索引途徑把它們找出來，如時間、人物、地點等，就如圖書館裡的資料搜尋系統一樣。」

我回想起瀕死時所看到的無數鏡頭，一幕幕的人生片段有系統地被分割開來。

做夢的功能

「除長期記憶外，潛意識亦蘊藏了人的原始本能慾念與情緒。人的價值觀、信念和信仰也是這裡的產物。潛意識一直被認為是人類思想的幕後黑手，真正主宰著我們的外在行為與內在情感。這裡是人類的智慧所在，也是自癒能力的根源。只是，現今潛意識的開發還不到百分之五，而且我們對潛意識的了解也是非常有限。」

教授補充，「只是潛意識就像神祕的內心聖殿，一般情況下是難以進入，無法深究探索，在潛意識的世界裡，人事物常以象徵性的意義存在，就如戲劇的情節和隱喻的圖像，這好比是一種文字以外的獨特溝通語言。」

「所以，夢境才被視作通往潛意識的大道。」我記得佛洛伊德也曾這樣說過。

「很多人或許覺得自己都沒有做夢，那是因為絕大部分夢境都被瞬間忘掉了。其實每個人，每一天也都做夢，一個晚上可以做四至七個夢，平均佔據一至兩個小時的睡眠時間。只是在起床後的五分鐘，至少五成的夢便已給忘掉，到十分鐘的時候，大概九成的夢已經消失無跡。」

「那麼盲人也會做夢嗎？」我不禁好奇地問。

「盲人也會做夢，後天失明的人在夢裡還是可以看見畫面的，只是先天盲人雖然看不見了，但是他們會以聽覺、嗅覺、觸覺，跟情緒代替夢境裡的畫面。」

「做夢的意義，到底是什麼？」

「做夢其實是一件很有趣的事，在心理學上做夢其實具有多種不同的意義與功能。每個人的生活經驗都會烙印在潛意識裡，在成長路上所累積的害怕、恐懼等經驗，會在內心深處發酵，內在情緒一旦沒有出口，就會想辦法在夢裡投射出來。

有時候，夢境可能只是一種單純的發洩工具，將內心積存抑壓的情感慾念安全地渲洩。就像到了青春期時，男生的身體裡會釋出大量的睪丸素荷爾蒙，令腦海不時浮現出各式各樣的性幻想與性衝動。這些被過度抑壓的性慾念，便會透過夢境來發洩滿足，那時候班上的老師或同學，甚至是電視裡的明星藝人也可能成了洩慾對象。」

「所以，夢具有一種補償作用，隱諱地表達內心被抑壓的慾望，這可算是一個既安全又真實的解決方法啊。」我回應說。

「夢的另一個功能是資訊處理，將白天裡發生的大量資料與記憶進行篩選整理，像圖書館管理員一樣把新來的書本排檔歸類，保持記憶系統的有效運作。所以夢中常出現一些日常生活片段，彷彿把白天的生活重演一遍。如果長時間被剝奪睡眠與做夢，人將陷入混亂失效的狀態。」

教授繼續說，「做夢境的功能並不僅止於此。你有否聽過夢境有解決難題的能力？」

「我知道很多藝術家或發明家的創意，其實都是來自他們的夢境。」

教授點頭同意。「人的記憶系統好比一個龐大的參考資料庫，比起顯意識，潛意識能更輕易找出解決問題的有效方案。另外，出現預示的夢境其實一點也不罕見，可說是極其普遍的心理現象。研究發現，大約兩成半人曾經歷預知的夢，超過七成人曾經歷與夢境似曾相識的感覺，相信夢境有預知能力的人更高達八成。」

「但是，夢境的預知能力到底從何而來？」

「潛意識跟一台超級計算機並沒有分別，能從你過去的人生經歷中，找出性質相同但不斷重複的經驗，再在時間線上作出推算與預演，這便形成了預知的夢。所以很多人說重大事故或意外發生前，當事人都會預先感應到一些不祥的徵兆，或以夢境提前作出警示預報。」

「在墜機意外前的一晚，我就是做了一個奇怪的夢。我看見自己在天上飛，飛過一座一座高山，穿越厚厚的雲層，自由自在地寫意飛翔。但我不是坐在慣常的滑翔機裡，我看不見駕駛艙的顯示儀表，也找不到任何操控儀器，迎面是冷冷的風。這時我才赫然發現自己原來是一隻鳥，雙手變成一對長滿羽毛的翅膀，而且沒有了雙腳！我不停的拍動翅膀飛翔，我不能停下來，因為沒有了雙腳我根本不可能降落在任何地方。我快沒力氣了，不斷的往下沈，雙手沈重得再拍不動了……然後才突然驚醒過來。」

「也許，潛意識首先感應到即將發生的危險，進而透過夢境預先向你發出警告提示。」教授解釋。

「只是，我一直都忽略夢境中的重要訊息。」我後悔地說。

「如果能夠解破夢境，是否就意味著，可以解破一切內心的秘密？」我忽然間想起一個在意外發生後不斷重複出現的噩夢。

「只要透過分析夢境，你便可以得知內心在想些什麼、在渴求些什麼。但你必須注意，夢裡事物通常是代表性而不是實際性的，你看到什麼，並不代表那就是什麼。」

教授舉例說，「如果夢到掉牙齒，那可能代表夢者在現實生活中正面對巨大壓力或感到無助，因為牙齒是身體最堅硬的東西，也是進食的重要工具。如果沒有了牙齒，那就等於失去了保護或謀生的能力。如果做了一個飛翔的夢，那可能表示夢者正朝著正確目標前進，並且過程順利；但另一方面，夢境也可解讀為一種逃避現實或慾求不滿的象徵，因而想做點什麼逃離現狀。」

「我回想起自己面對重要考試前，也常會做一些像是追趕巴士、睡過頭……諸如此類的夢。這可能反映我正面對壓力，感到缺乏自信或無法完成任務。」

「還有，當你面對人生困頓或重大抉擇時，夢總喜歡以象徵性的人事物向你提示答案。但是夢是十分個人化的東西，亦只有夢者本人能準確地解讀夢中的隱藏訊息。學習夢的語言與運用夢境，就是與潛意識溝通的重要方法。

「我會好好記住的。」

「做夢時，很多人認為身體跟外在世界是完全隔絕的，但其實我們的大腦仍會接收到周圍環境的訊息，並會把這些訊息融入到夢中。例如說，當你在睡覺的時候，如果有人在你的身邊彈奏音樂，你便有可能夢見自己身處在一個音樂會或夢見跟音樂有關的事情。」

「那我們的手指也會跟著一起彈奏嗎？」

「做夢時，身體將處於一種癱瘓狀態，因為大腦要防止人把夢中的動作在真實生活中演示出來。但是如果你在身體恢復活動能力之前突然醒來，那就可能出現所謂『鬼壓床』的感覺。」

「除了聲音的刺激外，光線、氣味與外在環境的變化，都能相應地影響人的夢境。例如，聞到煮食的香氣可誘發與食物有關的夢境情節出現，太冷或會看到下雪，太熱或會看見沙漠，水喝太多或會看到下雨的景象，暗示上洗手間的需要。所以，即使人在熟睡做夢中，外界的刺激還是可以透過身體影響夢境。」

「難道夢境跟治療也有關係嗎？」我突發奇想地問。

「有沒有聽過夢境與身體的聯動影響？」教授反問我。

我搖搖頭表示不清楚。

「夢境與身體的相向聯動其實十分普遍，剛才所說的只是其中一種。雖然我們不會把夢中的動作在現實世界展演出來，但是這不代表夢境不可以影響我們的身體。」

教授舉例解釋。「當你夢見妖魔鬼怪等恐怖情境，或是被人追殺等緊張氣氛時，身體的生理反應會自動跟隨變化，因為身心是緊密互動的。所以當你驚醒過來時，會發現心臟在瘋狂跳動，全身冒著冷汗。又例如，當你夢見至親愛人發生不幸意外，或突然罹患重病離世，你悲慟難過，情緒幾近崩潰。雖然你知道只是做夢，但醒來時竟發現雙眼通紅，臉上還印有淚痕，一整天都心情鬱悶不安。」

「因此，夢境的情節內容也能有效影響身體裡的生理機能，只是一般人不以為意。」我喃喃重複著，彷彿聽到了一個重要訊息。

集體潛意識

「我們的課堂還沒有完結。因為除了個人潛意識外，底下還有一個極神秘的意識層，榮格稱之為『集體潛意識』。」

「就像是意識冰山的相連底座。」我回應。

教授點頭。「集體潛意識是最具爭議性的意識概念，由所有人類共同擁有分享。榮格曾經這樣寫道：『集體潛意識是一種不可計數的、集千百年來人類祖先生活經驗之大成，一種現實僅僅能增加極微小變化和差異的史前社會生活經驗之回聲。』」

「有什麼能證明集體潛意識的真實存在嗎？」

「圖騰就是一項有力的證明。在不同時代、不同文化的社會裡，你都能找到一些相類似的符號圖案。雖然這些圖騰被不同世代的人類所使用，但它們的象徵意義卻是共時性的。」教授回答。

「圖騰符號？」

「舉例來說，眾所周知的十字架圖案，在宗教信仰上是天主教或基督教的象徵符號，代表耶穌所受的苦難，為世人帶來的救贖。但十字架符號並非上述兩教所創，也非宗教所獨有。如在古希臘，十字架代表的是太陽神，在古埃及代表的是生命的賦予，而在現今人類社會則代表著救援。」

「難道這些集體潛意識的圖騰也跟治療有關嗎？」這是我比較關心的問題。

「當然有關係。圖騰象徵了人類情感與意涵的替代物，可說是人類精神文明的濃縮。圖騰常被認為具有某種神祕的精神力量，因為它集合了人類的共同信念與意識。古代的巫醫便喜歡以獨特的圖騰符號用作治病，透過治療圖騰增強病者的信念與精神能量。」

「就如同中國的太極符號，也是一個具有療癒能力的圖騰。」我說。

「說得沒錯。」教授伸指一畫，一個太極符號隨即在空氣中呈現。

太極符號由兩個半圓形淚珠狀曲線組成，一半是白一半是黑，白色像徵陽性，黑色像徵陰性，白中有一個黑點，黑中又有一個白點，代表陽中有陰，陰中有陽。這個圓形幾何圖案平均分成兩半，酷似兩條魚絞繞在一起，所以亦被稱為太極陰陽雙魚圖。除了在古代中國，西元前五世紀凱爾特藝術和古典時代晚期西羅馬帝國軍服的紋章中，都有這個類型的符號。

教授解釋說，「『太極』象徵一種哲學思想與世界觀，一股陽性的正力和一股陰性的反力同時並存，兩股力量相互作用，此起彼伏、循環不息，構成了宇宙及生命的基本內涵運動，所以被東方醫學視為治療與生命的根本。」

「另一個你必須懂得的療癒圖騰是，『蛇杖』。」教授說畢，一個蛇杖圖騰立刻在我面前出現。

蛇杖是世界的醫學標幟或救治的象徵，大可分為兩大類別，一種是雙蛇纏杖，上頭立著雙翼作主題，另一種則是單蛇纏杖。雙蛇雙翼之杖源自於希臘神話中神使漢密士的魔杖，而單蛇之杖則為羅馬神話中醫神亞希彼斯所有。但不管是單蛇杖或雙蛇杖，兩者皆代表了療疾養傷的能力。

教授繼續解釋，「木棒代表著人體的脊椎骨，亦是中脈的所在位置。蛇因為每年都會蛻皮，所以象徵恢復和更新的過程。當靈蛇纏繞在木棒上爬進，就代表生命的力量沿著人體中軸攀升，即是治療、恢復健康、挽回生命等象徵。這股創造生命的神奇力量是來自於古印度神話裡，亦即梵文中所指的『昆達里尼』（Kundalini）。恰巧的是，這種雙螺旋向上遞進形態，跟人體遺傳基因的DNA分子結構極為相似，而DNA也同被視為創造生命的初始物質。」

「我明白了，這都代表了人體療癒及復修的力量來源。」

「所以除夢境以外，你也可以利用療癒圖騰作治療的象徵與媒介。這些也許就是你需要的心理知識。」教授最後這樣說道。

「謝謝你，教授。」

接下來，我需尋找另一位心理專家。

第六章　心理催眠師

我再次抵達心理療癒室，大門同樣沒有上鎖。我轉動門把推門進去，沿著白色走廊前行，並在走廊右邊的第二個房間停下，門上寫著「催眠室」。我輕輕地敲門，等待門樑上的綠色燈號，然後進入。

房間中央同樣放著一張寬大的辦公桌，辦公桌的椅子上坐著一位中年男人，頭戴一頂英式紳士帽，身穿一件黑色禮服，配上蝴蝶領帶。他臉上蓄了一撮山羊鬍子，帶著謎樣的微笑，看起來活像舞台上的魔術師。

「Hi, nice to meet you!」像魔術師般的男人跟我打招呼。

「你好，我是來學習催眠技巧的。」我也禮貌地點頭微笑。

「你為什麼想要學習催眠？」催眠師好奇的問。

「我想透過催眠深入我的潛意識，尋找治療的秘密與自癒能力。」我對催眠師坦白地說。

「催眠是一個很有趣的玩意！我最喜歡做有趣的事，這個我可以幫你。」催眠師再次露出他謎一樣的笑容。

神祕的催眠術

「催眠術總給人無限的聯想，常帶著一份神祕攝人的魅力。催眠的英文「Hypnosis」是源自希臘神話中睡神「Hypnos」的名字，傳說中睡神的左手是拿著罌粟花蕾，右手是拿著一隻裝滿液體的牛角。」催眠師開始介紹催眠。

「據說牛角裡的液體擁有某種神奇力量，能讓人無法抗拒地進入睡眠。」我聽過這個神話故事。

「在古代催眠現象常跟宗教祭祀、靈療儀式、巫醫或冥想等扯上關係。雖然時至今日催眠還沒有一致的定義，但心理學家認為催眠是一種意境，一種特別的意識狀態，並常比喻為白日夢的狀態。而我就是最愛做白日夢的。」催眠師得意的說。

「在日常生活中，我也時常經驗到這種相類似的心理狀態，例如：當看書看得入神時，或想事情想到發呆時，好像整個人完全投進了自己的內在世界。」我回應說。

「這便是由於身體放鬆，但精神集中所引發的自然入定狀態，所以催眠是絕對安全的自然心理現象。當進入催眠狀態時，你的意識還是保持清醒，但這跟睡眠是截然不同的狀態，你不但可以感知周圍所發生的事物，而且這些感覺有時還比清醒時更敏銳，例如聽到隔壁的對話、電視機聲音，或是嗅到細微的氣味等，這都是在正常情況下不會感應到的事情，除非身體正處於一種高度專注集中的狀態。」

「當人進入催眠意境時，身體會有什麼特別徵狀嗎？」

「身體可能會出現下列一些常見的表徵，包括肌肉放鬆，淚水增加，眼球快速運動（Rapid Eye Movement）、下顎、牙關或舌頭放鬆，嘴唇微微張開，身體感覺溫暖、沉重或完全無法感覺到身體等等。這些表徵只是進入催眠狀態的一些可能提示，出現與否全因人而異，也跟催眠程度無直接關聯啊。」

「這些身體表徵只是一種參考而已。」我表示明白。

「潛意識的運作有如一個複雜的自動導航系統，裝有重重的自我保護機制，不容易被入侵或修改。但是，這並不代表潛意識的大門不可被攻破，只要你懂得運用適當的語言、適當的管道，便能潛入這高層精神區域。催眠正好提供了一個既簡單又有效的心理方法，你不需受過高等的專業教育，所需要付出的只是時間與信任，花時間跟自己的身體溝通，了解它真正的需要；花時間跟自己的內心做交流，用心聆聽它的聲音。」

「所以催眠術並不是什麼神奇魔法，而是一套十分科學的心理療法。」

「Bingo 答對了！催眠的優點在於其系統化的治療程序，不但理念清晰，而且操作簡易，每個步驟皆有系統性的標準指引，而最重要的，是過程裡絕不會產生任何不良副作用或痛苦啊。所以，美國精神醫學協會早已把催眠納入為認可的心理治療手法。

催眠治療之父艾瑞克森（Milton Erickson）便成功地把催眠應用在心理治療上，他透過間接催眠暗示和多重溝通，令患者自然進入潛意識狀態，治癒了多種不同的身心疾病。」

「除催眠以外，還有別的方法能進入潛意識嗎？」我問。

「其實進入潛意識的方法還有很多啊。催眠只是其中一種被廣泛應用的技巧，我們也可以透過冥想、打坐、瑜伽、或氣功等不同方法，達到所謂的催眠狀態。其重點只是透過不同的技巧把人帶進身心合一的境界，讓人能跟自己的內在思想連線，找到開啟潛意識的鑰匙。」

「但凡可以使身心放鬆、精神專注集中的活動，都是有效到達潛意識的途徑啊。」我說。

催眠師點頭同意。「如果說夢是通往潛意識的大道，那催眠就是一輛通往潛意識的高速列車，列車上承載著我們要給予的暗示訊息，直達心靈深處。」

「那我也可以透過催眠，進入我的深層潛意識，治癒我的身心。」這正是我的治療方向。

「在那裡，你能尋找所有問題的根源，並做出最根本徹底的治療。」

奇幻催眠舞台

「現在是時候為你介紹催眠的奇幻舞台了！」催眠師興奮地說。

「催眠舞台？即是指催眠時所需要的環境配套嗎？」我確認似地問。

催眠師大力地點頭。「原則上，催眠是可以在任何地方、任何時候進行，不需要特定的環境配置。所謂的『最佳催眠環境』也只是因人而異，全憑受催眠者的喜好而定。一般來說，環境只要舒適安靜，讓受催眠者可以不受外界騷擾，安心自然地進入催眠狀態就行了。

「催眠時的身體姿勢可以很自由，可以坐著、躺著、甚至站著，最重要的是舒適舒服。長時間挺背直坐容易讓背部痠痛，盤腿坐則容易雙腿發麻，平躺在沙發或床上又容易入睡，所以我選擇了斜躺的姿勢來進行催眠。

「雖然說環境的好壞，跟催眠成效並無直接關係，但你卻可以利用環境中的許多細節，幫助受催眠者更容易進入催眠狀態。舉例來說，你喜歡在自己的小房間裡進行催眠，因為這會有一種熟悉、安全的感覺。

「每次進行催眠前，你可以把房內主要的大燈關掉，只留角落的昏黃光線，這光線只在進行催眠時才使用，是一種另類的催眠暗示。」

「意思是借助外在的環境營造另類的催眠暗示嗎？」我問。

「其實這種另類暗示一直存在我們的日常生活中。例如看到熟悉的床枕，自然會湧起一陣睡意，置身安靜的圖書館裡，便有著閱讀的興趣。更甚者，廣告商把吸菸跟消除煩惱成功地聯繫起來，把咖啡跟休閒文化畫上了等號。」催眠師解釋。

「除了燈光外，房間的溫度也要適中，避免太冷、太熱或太潮濕，因為催眠時皮膚的觸感變得比平常敏銳，所以室內溫度要盡量保持穩定。可以考慮使用空調，一來環境較為安靜，二來溫度與濕度較易控制。

「音樂是非常有效的輔助工具，主要作用在於協助受催眠者放鬆。可挑選一些簡單的大自然背景音樂，如海浪聲、流水聲、風聲或雨聲，當然你也可以選擇各類型的樂器，或任何時代派別的樂曲，凡是能帶給你放鬆感覺的音樂都是合適的。當你選好了催眠音樂後，最好只在進行催眠時才播放該音樂。」

「如果在吃飯、睡覺、上廁所也播放同樣的音樂，這音樂所賦予催眠的條件反射作用便會消失。」我說，催眠師點頭表示贊同。

「如同背景音樂，氣味也能引起放鬆安神的作用。香氣的選擇主要是根據個人喜好，可考慮使用一些味道較沉穩的木質氣味，盡量避免過份濃烈的花香，或帶刺激性的辛辣香草味道。你現在聞到的香氣，就是沉香木的氣味。我在進行催眠前，都會先焚燒沉香淨化、靜心——現在讓我們開始進入催眠情緒吧。」

催眠實用手冊

「雖然每位催眠師使用的催眠手法不同，但大致上催眠可分成三個重要步驟：催眠導入、催眠狀態後暗示，與清醒導出。依照受催眠者的習性與催眠目的，催眠師會採用相應的催眠技巧，以達到最佳的效果。」

「以下步驟你要好好記著。」催眠師教授我催眠時的標準程序與技巧。

一、催眠導入

放鬆導入法

「催眠導入可分為放鬆與專注兩部分，而首要步驟就是要解除身心的壓力，讓身體得到放鬆，讓內心得到寧靜。只有在身心感到安全放鬆的時候，意識的控制才會減退，其防衛銅牆才能拆除，如此潛意識的大門就可以輕鬆打開。放鬆的技巧種類繁多，我將介紹三種簡單有效的方法。」

呼吸放鬆法是以呼吸做引導，透過一呼一吸的動作進行放鬆練習，受催眠者可想像吸入的空氣走進身體不同的部位，注入放鬆感覺的同時並把壓力呼出。

肌肉指令法是透過意識控制，把全身肌肉由頭到腳，有系統地逐一放鬆，這練習適合於運動觸感強的人，如常感到肌肉繃緊的男性，可直接感受肌肉瞬間鬆弛帶來的放鬆感覺。

投身想像法則是透過模擬想像，把自身帶進一個放鬆舒適的環境，如溫暖的陽光、青翠的草地、廣闊的海洋等大自然景象。這練習以外在的感覺，誘發身體的內部放鬆，特別適合想像力豐富的人。

「催眠時的放鬆只要有效，就是最好的放鬆法。」催眠師提醒我。

專注導入法

「完成放鬆導入後，接著進行專注導入法：把你的內在意識重新聚焦集中。專注力不足是十分常見的現象，因為日常有太多事務要處理。注意力經常被分散到不同的人事物上，這樣才能在同一時間處理多項問題——這種被稱為有效率的生活方式，不知不覺變成了一種慣性的精神模式，使專注力難以集中或長時間維持。

當你在高度專注時，身體的感官會突然變得敏銳，思考變得更清晰敏捷，身體內外的控制能力亦同步增強。專注導入的技巧，主要是要把注意力集中在某個感官上，可以是視覺、嗅覺或觸覺。由於感官敏銳度因人而異，所以應根據自己的習性與喜好，選擇適合你的專注方法。一般而言，人主要透過視覺感官來認識世界，所以催眠暗示也多以視覺想像為主。催眠師利用視覺意象，召喚你分散的注意力，讓你精神重新集中。」

二、催眠暗示

「透過催眠導入，你將進入催眠狀態，身心繼續保持放鬆，內在意識維持高度的專注集中。在這種特殊狀態下，你的顯意識會變得安靜，潛意識大門順利被打開，這便是給予暗示的大好時機。根據催眠的目的，給予合適有效的暗示，讓改變在最根源的潛意識裡發生。但運用催眠暗示時，必須注意一些基本原則，這樣暗示才能順利被潛意識解讀，並發揮其理想效果。」

盡量簡單易懂：想像你在跟小孩說話時的模樣，運用簡明易懂的用語，耐心地一再重複訊息的重點，盡量說好話，不要以威嚇或強迫的語氣，這樣暗示才能收到最佳的效果。催眠師都是會說故事的人，擅長以比喻與夢話的方式傳達訊息。

相近價值觀念：催眠師所給予的暗示須與接受者的信念相符合，若暗示中的價值觀與其現存的信念相違背，潛意識會對該暗示產生抗拒及排斥，暗示將難以發揮效用。如一個人渴望得到快樂，任何符合接受者認可的價值暗示都是可行的，但若這快樂是建基於別人的痛苦上，這種傷害別人而得到快樂的做法得不到接受者的認同，最終只會拒絕此暗示。

強烈正面情緒：清醒時的行為與判斷常受到情緒影響，正面的情緒能增加人的行為取向，相反的，負面情緒則會阻礙人的選擇。潛意識一般愛聽好話，喜歡正面的暗示，想像美好的事物。例如催眠師實行戒菸的暗示，以健康與快樂生活的正面暗示，會比破壞健康與家庭和諧的負面說法來得有效。

實際可行目標：催眠暗示所包含的目標，必須是在接受者的能力範圍內，並在一段合理的時間內所能完成的，這樣才能使接受者產生積極的動力去執行。例如規定接受者在一星期內完全戒掉吸菸習慣，是個難以接受、不切實際的做法。但若把目標降低成減半的要求，如一個月減少一半的吸菸量，以循序漸進的方式達成戒除的最終目標，這可讓接受者看到進步與成果，從而增強信心與決心。

三、催眠導出

「當順利給予暗示或達到催眠目的後，接下來便是如何安靜地離開潛意識，把自己帶回清醒的狀態。催眠的導出技巧相對簡單，只要把內在意識慢慢從潛意識中抽離，帶著暗示的作用重回清醒狀態，感覺就像帶著夢的訊息醒來一樣。在一次完整的催眠旅程中，催眠導出其實是非常重要的，只是常常被忽略或輕視。如果以運動來比喻催眠，導入就像熱身，而導出就如同冷卻運動，把意識帶回日常的清醒狀態。

受催眠者可從催眠的任何一個過程中自主地醒來或離開，這並不會對受催眠者的身心健康構成任何不良影響，但卻可能影響催眠的成效，或增加往後催眠的困難。也許突然的醒來會帶來短暫的精神恍惚，情況就如同夢中突然驚醒一樣，只需一下子，精神便能回復過來。」

自我催眠

「原則上，所有的催眠都是自我催眠，透過自己進入催眠是絕對可行的，而且比你想像中簡單。催眠師所扮演的角色是透過語言技巧及有效暗示，引導受催眠者自行進入催眠狀態，真正的導入其實由受催眠者執行並發生在自己身上，催眠師只是以專業知識及技巧，協助啟動這個心理現象而已，能否進入催眠，最終還是取決於受催眠者本身。」催眠師說。

「催眠是受催眠者自我誘發的，所以真正的催眠師其實是自己。」我重複著。

「所以催眠師的導入提示，必須配合受催眠者的喜好及需要，這樣才能事半功倍。若受催眠者本身熟悉催眠程序，並懂得暗示的有效法則，自己絕對是自己最佳的催眠師。如果你曾經接受過催眠訓練，那麼你學習自我催眠就會容易得多。

自我催眠其中一個重要的成功關鍵，就是要熟練你慣常使用的放鬆與專注導入技巧。催眠時使用的身體放鬆方法五花八門，由於每個人的感官敏感度皆不同，有些人視覺思考能力強，採用想像投身法可以是一個好的選擇；有些人則善用呼吸放鬆法，憑自己的實際體驗感覺，找出最合適自己的放鬆技巧。所以，並沒有所謂最好的方法，只有合適與不合適，複雜不一定好，簡單的其效果不一定差。」

「就如專注技巧的選擇一樣，應按照自己的喜好與思維模式，選出一個最容易讓自己專注集中的方法。」我補充說。

「找到合適的導入技巧後便要勤加練習，盡量讓自己在不假思索或背誦的情況下順利完成，以減低意識的負擔。這情況就如駕駛或游泳，身體各部分能自動協調操作，而不需消耗意識的資源刻意控制。這樣進行自我催眠時，才可減低對意識部分的需求，讓意識盡量安靜。」催眠師重點說明。

「但在自我催眠時，催眠師與被催眠者皆為同一人，既要保留部分意識充當催眠師，又要同一時間放空其餘的意識以便進入催眠狀態，其困難程度及技巧好像相當高啊。」

「你說得沒錯。剛開始練習催眠時，最常碰到的問題就是很難進入催眠狀態，因為當催眠師的『我』通常意識過強，要不就是過分執著於導入過程的細節，要不就是害怕遺忘放鬆的引導語句，結果變成久久未能放鬆身心意識，或是徘徊於催眠狀態的邊緣。

另一個常見的情況則剛好相反，就是當受催眠者的『我』，過放鬆導致意識薄弱，一下子就落入睡眠狀態。所以一方面要保持清醒，一方面又要讓身心極度放鬆，並不如想像般容易。不過，只要經過反覆練習，相信大部分的人都可以找到意識的平衡點，順利完成自我導入。

當你越來越熟練整個導入過程時，你就不用再花力氣去背誦導入語句，或不斷提醒自己接下來的程序。同時當催眠師所需的意識亦會逐漸減少，你將能夠更容易、更深入地進入催眠狀態。」催眠師道出自我催眠的關鍵。

「催眠是一樣易學難精的心理技巧，因每次的催眠狀態都不一樣，所以必需隨機應變。」我總結說。

參考資料　催眠的誤解

由於催眠總是披著一層神祕的面紗，舞台式的催眠表演與大眾媒體的過度渲染，造成很多人對催眠存有不真實的幻想，以下就是一些常見的嚴重誤解。

Q：催眠師有特異功能？

A：催眠師跟所有人一樣，都只是普通人，催眠師並非具有特異技能，只要能熟練導入、導出的技巧以及暗示的法則，每個人皆可成為催眠師。

Q：受催眠者無法抗拒催眠師的暗示指令？

A：因為電影與舞台表演的關係，很多人認為在催眠狀態下，受催眠者有可能被迫去做一些違背意願的事，或是透露自己不願意公開的祕密，其實在整個催眠過程中，受催眠者都是在有意識的清醒狀態，可以接受或拒絕任何暗示指令，甚至可以立即從催眠中出來。在催眠狀態下，受催眠者不會被迫做任何清醒狀態時不會做的事或不願說的話。

Q：催眠時會失去意識？

A：即使在催眠狀態下，受催眠者也不會失去意識，或忘記曾經說過、做過的事情，受催眠者在過程中是有意識的，並清楚知道發生的所有事情。其實在整個催眠過程中，受催眠者如果感到任何不適或不安，是可以隨時終止催眠，並立即從催眠狀態中出來，這是不會有任何不良後果或副作用的。

Q：意志力越堅強的人越難被催眠？

A：恰巧相反，意志力越強且精神越集中的人，就越容易進入催眠狀態，只有心理虛弱且難專注的人才難以被催眠。此外，百分之九十九想被催眠的人都可以被催眠成功。

Q：催眠深度和催眠成效有正面關聯？

A：這只是一種謬誤，許多成效顯著的催眠，都是在淺度催眠狀態中進行的。催眠所需的深度得看受催眠者的狀況，與所處理的事情而定，絕不是越深越好。

第七章　催眠記憶回溯

記憶回溯

聽完催眠師的講解，我希望透過催眠做一次記憶回溯，重新理解整個瀕死意外的經過。

「你可以為我做一次催眠回溯嗎？」我請求催眠師。

「你想要尋找甚麼樣的記憶嗎？」催眠師問。

「當時的墜機意外發生得太快、太突然了，飛機從失控到墜落大概只花了十秒鐘時間，之後我身受重傷並昏暈過去，腦裡只殘留著許多零碎的記憶。我很想清楚知道事情的始末，我總覺得這不是單純的意外，好像有什麼重要的訊息或線索遺留在那裡。」

「你真是找對人了！意外調查與催眠回溯都是我的強項。人時常忘記事情，遺失記憶的原因很多，可能是因為事發時間的久遠，可能是因為事發時情緒的影響，甚至是故意造成的遺忘。其實記憶都在那裡啊！你遺失的只是『有效索引』，情形就如在書庫裡尋找一本被誤放的圖書。所以只要找到途徑進入潛意識，尋回有效的索引，你便可以回溯失去的記憶。」催眠師是記憶回溯的專家。

「在我失去意識前，我就不停地告訴自己，必須牢牢地記下這一切，因為這將是我人生最後的經歷與體驗。所以透過催眠，我就可以重組整個意外經過了？」

「或者，我可以讓你再一次回到墜機意外時的現場情境，把時間凝固在那裡。這樣你更可以重溫經歷的每個細節，將當時所看到、感受到的一切，重新一點一滴的記錄下來。」

「那我所有的過去記憶，都能用這方法追尋得到嗎？」

催眠師點頭說，「可以啊。如果你相信人有前世輪迴，只要你把時間線一直往前推，催眠也可帶你回到前世的經歷，尋找所謂的前世記憶。有些個案確實為前世記憶提供了可靠的證據，比如說受催眠者說出一些今生從未學過的語言，或是確切描述一些從未到過的地方或人事物。」

「所以前世記憶是真有其事？」我也想知道，我的前世經歷跟意外是否有關聯。

「生命有著太多的未知與可能等待人去發掘呢！」催眠師並沒有正面回答。「但要注意的是，有更多所謂的前世經歷，可能只是本人今世的潛意識經驗投射而已。例如一個過度肥胖的病人，在進行催眠時看到自己前世適逢戰亂，最後餓死街頭，所以今世不能自控飲食，這情況便難以證明是前世經驗的一種了。」催眠師補充。

「就像是雞與雞蛋的關係。」

催眠師帶著我到房間的另一頭，那裡放置了一張看起來十分舒服的白色斜躺椅。他讓我先安心躺下來。

「如果你準備好，我們就開始吧。」

我點頭表示可以開始了。

催眠導入

催眠師把天花上的燈光全部熄滅，只留下房間角落的一盞微弱昏黃小燈，流水聲緩緩從四周流進，沉香木的寧靜香氣陣陣飄來。這就是催眠師為我佈置的催眠舞台。

「你感到眼皮變得沉重，全身的肌肉開始放鬆，深深的吐氣，再深深的吸氣，三、二、一……」。

我感到眼皮開始變得沉重，全身的肌肉開始放鬆……

「先讓自己的雙眼輕輕閉起，把身體調整到舒適的位置，然後深呼吸三次，三、二、一，正式開始放鬆導入。

首先把手放在小腹的位置，改以腹式呼吸，吸氣時小腹隆起放鬆，吐氣時小腹凹陷收縮，注意一呼一吸時腹部起伏的動作，慢慢習慣這種舒適的腹式呼吸。

把你的呼吸盡量放慢，讓呼吸盡量深沉。徹底地深深吸氣，一直將新鮮的空氣吸進小腹的丹田位置；然後再徹底地吐氣，把所有廢氣從身上吐走。再次深深吸氣，你會感到舒適飽滿。再次徹底吐氣，你會感覺放鬆自在。

首先放鬆你的身體，從頭到腳逐一解除你對身體的控制，讓身體放鬆，如海綿般輕盈自在，回復原來的彈性。隨著每一下的呼吸，身體逐一部分放鬆。呼吸，頭部放鬆，頭骨、臉骨、頸骨依序放鬆，再放鬆，讓放鬆的感覺一直往下延伸：肩胛骨、上臂骨、手肘、前臂骨、手腕、手掌、手指骨……慢慢放鬆。再繼續往下：胸骨、脊椎骨、盆骨、大腿骨、小腿骨、膝蓋、腳踝、腳掌骨、腳趾骨放鬆，放鬆的感覺由頭到腳往下延伸，一節節地如海綿般放鬆。

呼吸，全身的皮膚與肌肉亦開始放鬆。頭皮放鬆，臉部肌肉放鬆，後頸放鬆，肌肉如海綿一樣慢慢鬆開，恢復柔軟。肩膀的肌肉、上臂肌、前臂肌放鬆，手掌與手指放鬆；胸部肌肉、腹部、背部、腰部、臀部肌肉放鬆；放鬆的感覺繼續往下，大腿、小腿、腳掌、腳趾、雙腳的肌肉放鬆。

再呼吸，全身的器官與內臟都跟著放鬆。放鬆的感覺延伸進身體內部，從腦開始放鬆，大腦的皮層、腦髓、整個腦袋都鬆開來，像棉花一樣輕盈柔軟。然後是眼球、耳朵、鼻腔、雙唇、牙齒、舌頭、下顎、喉嚨，所有頭部都完全放鬆。放鬆的感覺沿著頸椎到達胸腔與腹腔、心臟、肝臟、腎臟放鬆，肺部放鬆，食道、胃部、腸道亦依次序逐一放鬆。身體內所有的器官和五臟六腑都像海綿般鬆開，每一個細胞都完全放鬆，如棉花般輕柔與輕鬆。

你現在身體進入一個極度鬆弛狀態，徹底地從上至下、由外至內放鬆。記著這種放鬆的感覺，在整過程保持這種身心放鬆的狀態。

現在想像有一個時鐘在你面前出現，一個古老的圓形掛鐘，時鐘上有一到十二的時間刻度，時針、分針與秒針同一時間各自緩慢地轉動著。這是一個能控制時間的魔法時鐘，集中精神看著這個時鐘。

把你的注意力放在轉動的時針上，滴答、滴答、滴答，時針慢慢地停下來不再轉動，安靜地停在鐘面上，時間開始慢下來。再注意看著分針，滴答、滴答、滴答，分針也慢慢地停下，停在原來的位置上不動，時間開始慢慢地停下來，不再前進。專注看著時鐘上唯一仍在轉動的秒針，此刻秒針也開始慢下來，滴答、滴答、滴答，秒針最後也安靜地停下來不再轉動，時間也同樣地停下來，不再前進。整個世界的時間都凝住了，變得十分安靜。你的身心輕鬆自在，精神清明集中。

時間停止以後，時鐘也消失了。你面前出現了一條隧道，一條通往另一時空的時光隧道。這條隧道十分安全，你可以放心慢慢向前走，一步一步沿著隧道光源的盡頭前行，到達你想要去的地方。你感到時間的流動，就像風一樣在你身邊吹過，時間一直在你身邊流走。你正在走向過去，回到你意外發生時的時空，你將再一次回到二〇〇四年，看見跟意外有關的所有情境。你到達了隧道光源的盡頭，你跨出隧道，回到了過去。」

死亡筆記

「看看你的周圍，你看到了什麼？你在什麼地方？」催眠師問。

「我好像看到了光，是……蠟燭的光，還有……歌聲，我聽到了生日的歌聲。我看見自己的三十歲生日。」我驚訝地說。

「你在這裡十分安全，不用擔心。你現在就像看電影一樣，你所看到的是你的過去，你注意看著。你可以隨時把畫面停住、放大，或倒帶，如果你感到害怕，你甚至可以關掉銀幕。記著你就是電影的放映師，你能控制整個放映過程，可以在重要的地方寫下筆記以做紀錄。」催眠師回應說。

二〇〇四年十月七日　時間00：00

回憶的第一幕——三十而立

祝你生日快樂，祝你生日快樂，祝你生日快樂啊……祝你生日快樂！時鐘的指針剛好指向十二時，我在陽台獨自慶祝三十歲生日。

我為自己準備了一個簡單的奶油蛋糕，潔白的奶油上並沒有多餘的水果裝飾，也沒有裝飾的巧克力脆片，只是簡單地插上了三根細長的蠟燭，代表著我三十歲的人生。我找了很多家蛋糕店，最後在一間家族經營的老餅店中找到這麼樸實的蛋糕，或許現在已經不再流行簡單的東西了。

起初，我也不知道為什麼自己要找一個這樣的蛋糕，直到許願的那一刻我才忽然明白。每一年的生日我都會為自己許下一個願望，然後在接下來的時間努力地達成。這些願望象徵著我人生不同領域的目標，包括學業、工作、財富或興趣上等等，全都是我渴望得到或體驗的事情。這個生日許願的習慣，久而久之變成了我為人生奮鬥的模式。

二十九歲時的願望，是當一個合格的滑翔機機師，讓我可以如鷹展翅般翱翔天際。這最後的飛行夢想，在我三十歲前已經實現了，我現在是飛天入海的大冒險家，世界之大彷彿沒有我到不了的地方，我變成了一個完全自由的天地行者。

所以今年生日，我只想簡單地度過，因為我已經想不出任何願望了。我拿出最後的一份生日禮物，慢慢拴開玻璃瓶上的軟木塞，讓躲在裡頭的雲兒飛回天上。於是我把人生的所有夢想，在三十歲前努力完成了。為此，我心裡感到十分滿足，更特別以一瓶二〇〇〇年的 Dom Perignon 玫瑰香檳做見證，一同慶祝我這豐盛的人生。

然後畫面中斷了，但下一個畫面迅速接上來，感覺就像看電影一樣。

二〇〇四年十月三十日　時間15：00

回憶的第二幕——廟祝的勸誡

我正在房間裡收拾行李，整理飛行時用的緊急手冊與筆記，明天一早便要啟程到紐西蘭，進行三星期的高階飛行訓練。我的臉色十分蒼白，一副無精打采的模樣，從早上起來便一直感到心緒不寧，好像有什麼不好的事情將要發生。

午飯過後，我到住家附近一間廟宇上香拜拜。其實每次出遠門或參加高危險活動前，我都會來這裡祈求平安。雖然我並沒有任何宗教信仰，但這祈福的儀式讓我感到心安，久而久之就變成了出遠門前的習慣。離開前，我剛好碰到廟裡的老廟祝，他是一位祥和的老先生，在這裡服務已經超過二十年了。

「怎麼啦，又要出遠門？」老廟祝也知道我這習慣。

「是啊，明天一早到紐西蘭參加一個飛行訓練，所以來這裡祈求一切平安順利。」我雙手合十地回答。

「怎麼一天到晚往外飛？小鳥也終究有停下來的一天啊！」老廟祝皺皺眉說。

「我希望在年輕時多去體驗人生，或許完成這次飛行訓練後，便停下來認真想想自己的將來。」我笑笑說。

「但你的氣色不好啊！今年是猴年，你的生肖屬虎，剛好犯太歲。所謂太歲當頭坐，無災亦有禍！今年你容易遇上血光之災，特別是跟交通有關的事故，需要特別小心。還是少出遠門為佳啊！」老廟祝憂心地囑咐著我說。

「知道了，年初時你已對我說過同樣的話了，我會凡事小心的。」我謝謝老廟祝的關心。

離開時，我心裡曾有一陣忐忑的感覺，但後來想想：「命運這回事，想躲也躲不了，信跟不信又能改變什麼？所以相信命運不如相信自己吧！」

只是當天晚上，我下意識地把所有的保險單據與銀行存摺翻了出來，並且把金融卡的一堆密碼抄寫好，整齊地放在書桌架子上，有點像在為自己安排身後事一樣。我被這些無意識的行為嚇了一跳，因為這麼多年來，我一次也沒有這樣做過。

二○○四年十一月八日　時間17：00

回憶的第三幕——意外前一天

今天發生了一件怪事。

我跟同行的朋友波波，為了方便進行飛行訓練，所以選擇住在飛行俱樂部裡的簡陋宿舍。每天一早，我們吃過早餐後便離開宿舍，到旁邊的草地跑道進行訓練，大概在黃昏前結束。過去六天的飛行訓練進行得十分順利，教練對我的表現感到十分滿意。今天我更通過了考試，將可以開始高階的飛行訓練，並改為駕駛另一種高性能的PW5滑翔機。這一切都比我預期中順利。

為了慶祝順利通過考試，我跟波波返回宿舍梳洗，準備外出大吃一頓，就在我打開房門的一刻，一團黑影不知從哪裡突然撲出來，嘩的一聲把我嚇了一大跳！原來那是俱樂部飼養的老黑貓，牠被我們不小心關在房裡，悶了整整八個多小時。老黑貓是一名意外身故的會員遺留下來的，可能因為主人突然離世的關係，牠總是鬱鬱寡歡地看著遠方，從不主動親近別人。

當我回過神來時，我立刻聞到一陣排泄物的惡臭，我們把所有窗戶盡量打開讓空氣流通，可是情況一點也沒有改善。於是我們四處尋找房間裡可能遺留下的排泄物，找了半天也找不到氣味的源頭，最後我們只好放棄躲到屋外去。晚飯的時間，我們還特意跑到附近的超級市場，買了一支強力的空氣清新劑來除臭，但還是會聞到隱約的異味。

老黑貓事件突然讓我心情一沉，讓我回想起老廟祝的不祥預言。我本來已經把這些忘得一乾二淨了，沒料到那心緒不寧的感覺又再度跑回來。

二〇〇四年十一月九日　時間11：00

回憶的第四幕——意外

「Well Done! Perfect!」教練在旁不停稱讚我的試飛表現。

我首次駕駛高性能的PW5滑翔機，不論在起飛、高空操控，或是降落方面，都表現出絕對勝任的能力。PW5比之前練習機的性能有過之而無不及，機身流線輕巧，反應靈活敏捷，我就像是長了翅膀的老鷹一樣，自由飛翔。

我與奮地準備個人首次獨飛（Solo Flight），並做起飛前的最後安全測試，在正確無誤的情況下，我聯絡塔台準備啟動飛航。

「控制塔台，PW5；準備起飛，請求批准。」

「PW5，控制塔台；跑道清理，批准起飛。」

時間11：11：01

回憶的第五幕——人生最後倒數十秒。

時間11：11：09

回憶的第六幕——「砰！」的一聲。

時間11：11：11

回憶的第七幕——燈滅了，死亡時間結束。

時間11：13：00

回憶的第八幕——靈魂出體。

時間11：16：00

回憶的第九幕——人生的最後選擇，離開或是留下？

時間11：26：00

回憶的第十幕——痛！傷者奇蹟生還！趕快救援！

時間12：30：00

回憶的第十一幕——我不同意，不用救我，讓我離開吧。

銀幕的畫面最後停在漆黑的寂靜裡……

記憶的本質

「這次的回溯旅程已經結束，現在請帶著你遺失的回憶安全回去，再次回到現實的世界。」

「你再返回時光隧道，沿著隧道慢慢往回走，回到二〇〇五年的時空。你再次感到時間在流動，就像風一樣吹向你，帶你回到現實的世界，回到清醒時的身體狀態。」

「慢慢深呼吸，感受你的身體，你的四周。你現實的感覺慢慢恢復過來，你的五官五感逐漸恢復敏銳，開始感應到四周的光線、聲音、氣味、溫度與味道。我將從一數到五，當數到五之後，你就會完全清醒過來，頭腦變得清晰，思考敏捷，而且精神飽滿。一、二、三，繼續呼吸，每一次的呼吸都讓你更清醒，知覺更敏銳，你已經帶著記憶回到清醒的狀態裡。四、五，你已經完全清醒，完全地清醒過來，精神飽滿地清醒過來。」

「你現在可以慢慢睜開眼睛，感受一下你的身體，你的四周。」

我再次張開眼睛，看見催眠師就坐在我的對面。

「催眠的回憶之旅感覺如何？」催眠師迫不及待地問。

「這一切都是真的嗎？」這是我清醒後的第一個問題。

「其實記憶是從來不會變質的，它只是一些已發生的事實記載，就像書本或錄影檔一樣。這裡並沒有好與壞的記憶，也沒有開心或傷心的記載，有的只是單純的記憶。」

「那為什麼在不同時候，人對同一件事有著不同的記憶？」

「改變的不是記憶本身，而是人啊！」催眠師感概說。「當人在替換心情與角度時，記憶也隨即被染色了，如同換上新的太陽眼鏡看世界。」催眠師像玩魔術般，不知從哪裡變來了一副太陽眼鏡戴在臉上。

「所以隨著環境改變、關係改變、又或人心改變，當事人對相同的記憶會有著不同的感受與解讀。」

「相信的會變成真實，懷疑的將變成虛假。」催眠師像在暗示什麼似的。

「所以只是信念在作祟。」

「我現在清楚我的意外經過了，謝謝你，催眠師！」

個案參考　催眠尋找失物

健忘是十分常見的現象，特別是都市人生活緊張、節奏急速，很多時候同一時間處理好幾件不同的事情。忘記物件放在哪裡是每個人常碰到的事情，這些物件可以是常用的東西如錢包、鑰匙等，或是甚少用到的物品如紀念品、舊書籍。你尋遍可能放置的地方也找不到蹤影，努力回想還是沒有找到答案，當你越是心急便越記不起來。

如果遇到這種情況，我建議讀者可先停下來，別四處找尋。首先找一處安靜舒適的地方，坐下來喝一口茶，再靜心細想最後看見該物件是什麼時候，盡量記下物件最後出現時的情境，包括時間、地點、人物，以及當時的氣氛、情感，或場境佈置，還有之後所做過的事情及所到過的地方，也小心的一一記下，這將變成回到過去的旅程路徑。

資料準備齊全後，接著便是找個合適地方進行自我催眠，讀者可透過時光隧道或時鐘回撥的導入暗示進行記憶回溯，讓自己重回物品最後出現的地方，然後以此為起點沿著旅程路徑尋找，重新觀看或經歷所曾發生的事情。

我自己曾多次嘗試以此方法找回遺忘的物件，有時候我在回溯過程中清楚看到遺失時的情景，有時候我是看到重要的線索，間接把我引領到相關的事情上。

有一次，一位好友遺失了一張常用的信用卡，遍尋不果後正準備致電銀行報失。銀行資料顯示最後的交易記錄為昨天晚飯的消費，並沒有被盜用的跡象。當好友想到需要重新訂立十多項自動繳費的手續，以及報失後提款的不便，暫時打住了報失的念頭，希望可把信用卡尋回以省卻一大堆麻煩。

當天晚上，我替好友進行記憶回溯的催眠，特別加入了使用信用卡後的情景暗示，成功把他帶回昨天晚飯時的時間與地點。他看到自己跟女朋友吃義大利菜時的情境，當時他喝了很多葡萄酒，之後他們到商場購物，在日本超市買水果飲料後便各自搭計程車回家。由於疲倦與酒精的影響，他甚至在計程車上睡著了。回到家後他把水果飲料放好，洗澡後便倒頭大睡。第二天醒來，他到家附近吃早餐，之後到銀行櫃員機提款時發現信用卡不見了。

雖然在整個回溯過程裡，他並沒有看到信用卡遺失或誤放在任何地方，但暗示一直提醒他把注意力放在跟信用卡相關的事件上。他看到信用卡最後在日本超市裡出現，他本想以信用卡付費，但為了節省排隊時間，最後選擇以現金支付。好友清醒過來後，他腦海裡一直浮現日本超市的畫面，當中好像有著某種提示的意味。他致電到超市查詢，但職員回覆並沒有信用卡的遺失拾獲。他回到家後第一時間打開冰箱，把裝著水果飲料的塑膠袋取出，結果在塑膠袋裡找到了信用卡。

也許催眠沒有直接給好友指出信用卡遺失的時間與地方，但卻刷新了他的記憶，提供了重要的暗示線索，間接地引導好友到超市的事件上。相同的方法也可應用到目擊證人上，協助證人尋回遺失的記憶，為警方提供有用的調查線索。

第八章　心理分析師

心理分析師的房間在走廊左邊的第二間房間，房門上寫著「讀心室」。

我輕輕地敲門，看到門樑上的綠燈亮起後便推門進去。讀心室看起來有點像小時候的圖書館閱讀室，房間中央擺放了一排小書桌，每張桌子上都亮著小巧的閱讀燈。但是牆邊的一整排書架全是空的，空書架令人有種突兀的感覺，這跟教授放滿書籍的書櫃剛好形成強烈對比，好像在暗示**拋開已有的成見，才能看清真相**。

分析師站在空書架的前方，他年約四十，雙目如老鷹般銳利，彷彿能看穿所有事物。可能是職業病的關係，他戴著一頂典型的偵探帽子，穿著卡其色的大衣，口裡還含著沒有點燃的白色象牙菸斗。他讓我想到電影裡的名偵探福爾摩斯。

「歡迎！請隨便挑選個位子坐吧。」心理分析師仍舊站在那裡，一動不動地上下打量著我。」

我禮貌地點頭回應，然後坐在中間的椅子上。

「你知道每個行為動作背後，其實都隱藏著特定的內在訊息嗎？」分析師問。

「即使說所有的身體反應都不是隨機偶然，而是潛意識的一種反映反射。」

「說得沒錯。」分析師點頭。他舉例說，「在五個座位中，你下意識挑選了中間的位置坐下，而且挑選的過程中並沒有一絲猶豫，證明你是一個自信又自我中心的人。你雙手自然地張開平放在桌上，顯示你為人友善開放，喜歡結交朋友，面向世界。但同時你的手掌緊合朝向桌面，說明你個性固執掘強，一旦做了決定便不輕易放棄改變。」心理分析師準確地把我的性格分析出來。

我只是隨便挑了個座位，隨意地做出一些身體小動作，分析師便能準確地把我的性格解讀出來。對此，我心感驚訝及佩服。

「這就是隱藏的潛意識思想。隨意聯想、說漏嘴……等這些看似無意義的舉動，其實卻剛好相反，真實地反映了內心的思想。」

「世界上恐怕沒有東西是偶然的，包括你所有的行為、所有的際遇、所有的命運，只是看你能否解讀出來而已。」分析師否定隨機的假設。「這不就是你來找我的原因嗎？」他假定我同意他的推論。

瀕死意外調查

「我很希望可以明白自己過去的人生，理解為什麼我會遇上這場意外。為什麼是我？為什麼偏偏是我？我不懂。」我不甘心地說。

「我明白了。我試著從你遇到的意外進行分析調查，然後我們一起尋找答案吧。」心理分析師坐到我對面的位子上。

「我先粗略地把你的意外成因歸納為三大因素，分別是人為、環境及命運。人為方面，你作為滑翔機的唯一機師，必須負上無可推卸的駕駛責任。你對這新型號的高性能滑翔機所知不多，缺乏駕駛操控的經驗，這大大削弱了緊急狀況時的應變能力。這都只怪你性格過於自負，仗恃著自己的小聰明，減少應有的警覺性與安全意識，以為自己的能力足以應付突如其來的狀況。如果你願意按部就班多加練習，在累積一定的駕駛經驗後才轉飛這款高性能飛機，也許意外發生時就可盡早做出反應。只要能多出那數秒鐘的時間，意外的結局便足以改寫。

環境因素，可分為天氣與裝備兩部分。試飛當日的風向非常不穩定，時而有強勁的側風從跑道左方吹來，這對飛機的起落增加了相當的難度。同一時間，機場上空更出現了湍急的氣流，這亦增加了風切變的機會，對經驗不足的機師足以構成一定程度的危險。此外，繩索與滾動滑輪已經運作了一段頗長時間，裝備的嚴重老化可能造成了脫鉤裝置失靈，這也是意外發生的元兇之一。

說到命運，雖然有點脫離科學，但還是不可忽略的重要因素，這亦是最難評估的部分。還記得出發前老廟祝跟你說過的話嗎？他預示你年底可能會遇上血光之災，要你特別注意跟交通有關的事宜。這次意外發生的時間與性質類別，剛好符合了老廟祝的占算。此外，你出門前無意識地把保險與存款單據整理出來，可說是潛意識的一種預警行為，好像是第六感一樣的東西。意外前一天的老黑貓離奇被困事件，你應該還有記憶吧？」分析師突然這樣問著。

「在意外發生的當天晚上，我的同行室友發現了一件難以置信的事。室友得悉我的飛行意外後，整個人也嚇呆了，他並沒有完成餘下的飛行訓練，趕緊幫忙處理我的受傷事宜。那天晚上，他獨自回到房舍替我收拾日常用品時，竟然在我的床上發現了老黑貓的糞便，而糞便就剛好藏在我的枕頭下面。原來老黑貓在意外前一天，偷偷地鑽進房間，目的就是要在我的枕頭下面，留下像噩耗預告般的排泄物，只是我沒有發現而已。我知道貓的原來主人是因交通意外過世的，所以會所裡的人都認為牠是一隻不祥的黑貓。」我把貓的事件完整地說出來。

「如果說這些都只是純然的巧合，只要把所有的巧合拼湊起來，細心往內查看，你便會看到巧合的共同指向。這些外表看似無關聯的隨機因素，卻隱藏著千絲萬縷的關聯巧合，那就是所謂的命運預告。你的意外好像是命運早有安排，死神已經透過不同途徑向你發出最後通牒。」

「所以我可能永遠無法知道意外的真正成因，可能是人為的出錯，可能是環境的突變，也可能是命運早有安排，又或是三者的交互因素所造成。」我有點沮喪地說。

破解生命藍圖

「你先不用灰心，我們調查還沒有完結。」分析師像安慰我說。

「還記得催眠時找回的記憶嗎？你曾經靈魂出體並進入一處奇異的地方，在那光海中，你看到了什麼？」分析師問。

「當時有個聲音問我想離開或是留下，然後我進入了時間之流。我看到像水晶絲網般的時間圖譜，把我人生的不同階段與經歷互相連接起來。我彷彿走進一個多銀幕的電影院，看到不同時候的自己。

我首先看到我的童年。我出生於一個貧困的小家庭，一家人只住在一間狹小的木板房。父母在我很小的時候，就必須在外為生活奔走。我沒有像樣的玩具，也沒有難忘的玩伴。隨着一把熊熊的烈火，小木屋與兒時的回憶一併燒光了。

雖然家裡沒有提供什麼良好的教育，也沒有什麼特別的栽培，但我總算健康的長大。我沒有任何讓人炫耀的成就，也沒有犯過任何見不得人的過錯。我的印象裡，父母一次也沒有對我說過，『要唸大學，當醫生或律師……』這一類的話，好像從來就沒有任何人對我有所期待一樣。所以當我考上了大學，對所有人來說都是出乎意料之外。

我在大學修讀的是心理系，在心理學的世界裡，所有東西都變得熟悉起來，與其說是喜歡，不如說是親切更為貼近。我像是找到了屬於自己的世界，被賦予了一種特殊的能力，能深入地了解人的思想行為，可以自由遊走於意識與潛意識的領域裡。

大學時代，我愛上了咖啡、小說與電影，只要一有時間，我便會到咖啡館流連，到電影院，隨便看看什麼樣的電影，我渴望可以到達不同的時代、遊歷不同的地方、幻化成不同的人物，一天到晚都在作白日夢。

之後，我當上一個背包客，以體驗生活的形式，到世界不同的地方遊歷。最初是搭乘火車到中國的不同城市，然後搭乘飛機到鄰近的國家，後來距離越走越遠，時間越走越長。在大學畢業前的最後一個暑假，我到歐洲流浪了兩個多月的時間，當作是送給自己的畢業禮物。

我束著一頭長髮，蓄著一臉鬍子，背著二十公斤重的大背包，沒有既定的行程，沒有充裕的旅費，穿過歐洲的大街小巷，放浪形駭地生活了兩個多月的時間。這段旅程雖然艱苦，但追著自己的夢想，心裡總是快樂的。

畢業後，我從事了自己從來沒有預期過的職業，紀律部隊算是薪水與待遇都很不錯的一份工作，不但穩定，且退休後也有保障。可是從一開始，我便感到自己跟這個地方格格不入，可能是欠缺了思想的服從性，也可能是適應不了機械式的紀律文化。我不喜歡也不討厭我的工作，只是有一份不屬於這裡的疏離感。

縱然如此，我在工作上還算有不錯的表現，在晉升考試中亦取得了十分優異的成績，比一般人提早晉升為高級人員。不但如此，在投資市場上也賺到了豐厚回報，事事一帆風順，生活品質得到莫大的改善。我的人生終於步入了黃金時期。

我開始追尋更多的夢想，到各地旅遊，認識與接觸形形色色的文化藝術。我學習各樣有趣的東西，冬天到各地的高山滑雪，夏天到不同的海洋潛水。就在一年前，我實現了最後的夢想，駕著滑翔機飛上天際，穿越厚厚的白雲，觸摸無盡無邊的蔚藍天空，如鷹展翅遨翔。我徹底的自由了。

我把所有的夢想，在三十歲以前努力地完成了。所以，在剛過完的三十歲生日，我並沒有許下任何願望，因為我感到人生已經滿足了。所以『離開』是當時飛機意外時第一個閃進來的選擇。」

我述說在時間之流裡所看到的三十年豐盛人生。

「所以你感到了滿足無憾，想要在人生最高峰的時刻離去，留給自己和別人最耀眼的光芒，最美好的回憶，是這樣嗎？那你最後為什麼沒有選擇離開？」心理分析師吸咬著他沒有點燃的菸斗。

「當我正準備帶著滿足的心離開時，突然感到一陣莫名的心痛，無盡的空虛與悲傷像掏空了我的心。我才發現原來我的人生已經沒有夢想了，我的生命裡再也沒有讓我依戀不捨的東西，我不需要任何人，也沒有任何人需要我。原來，我是多麼的孤單與空虛，這感覺就像一個從來沒有真正活過的人，不曾存在於這個世界上。」

「我的心一點也不自由，原來三十年來自己一直跟空虛在賽跑，不停地製造夢想來逃避人生的空白。原來，夢想達成不如依然有夢。」我心中還帶著當時陣陣心痛的感覺。

「所以，同一時間你站在感受的兩個極端：滿足與缺憾，快樂與哀傷，不知道該如何做出人生最後的選擇。離開，是因為夢想達成；留下，是因為你沒有真正活過。」心理分析師把我當時極端矛盾的思想與感受說了出來。

「我因為回答不了自己人生的最後問題，所以被遣返回自己破爛的身體。這既不是離開，也沒有留下，只是單純地返回而已，等待準備好以後再次回去作答。之後光海迅速瓦解，而我感到劇烈無比的痛楚，我就是這樣活回來的。」我雙眼極度迷惘的看著遠方。

「我明白了。」心理分析師點頭地看著天花板。

性格決定命運

「你拼命想要找出意外的真相，但是你有否想過，最重要的並不是查出意外的成因，而是尋到意外的背後意義。」

「意外的背後意義？」我不解地問。

「你必須把焦點重新投放在意外的意義上，因為意義才是重點，才是操縱所有事情發生的幕後黑手，所謂的成因只是用來掩飾身分的代罪羔羊。」

我頓時想起犯罪調查中的幕後主謀，即使警察把作案的替死鬼抓了，亦是於事無補。因為真正的兇手會潛伏在看不到的暗處等待機會，在人鬆懈時再次犯案，我太了解他們的德性了。只要主謀一天仍逍遙法外，大家就只能提心吊膽，永遠無法安寧地度日。

「意思是說，若沒有明白意外及傷病的真正意義，即使我僥倖地康復了，在不久的將來還是會碰上同樣的事情嗎？」我問。

「如果說生命中每一場際遇都有其意義，性格可以決定一個人所遇到的意外與傷病類型，那你的意外又代表著什麼深層的意義呢？」分析師反問。

「所以說這不是純粹的一場意外。」我明白分析師的意思。

「當然我不認為這場奪命意外是你有意製造出來的，但性格決定命運，你的某些內在信念可能無意間促成了這宗意外的發生。只要你細心分析你過去的人生，便會找到答案。

分析師在房間的一幅白牆上，重新播放出我在時間之流所看到的片段。

「長期以來，你都喜歡參與冒險性極高的運動，如潛水、滑雪、駕駛滑翔機……這些運動需要極大的勇氣與技巧，不是每個人都具有這種膽識與能力，所以每次完成這些高難度的危險運動時，你內心都有一份莫名的滿足與自豪感。」

「其實這只是一種虛榮的感覺，不斷挑戰的背後，目的是要證明自己的能力與存在感，不只證明給自己看，還要讓別人知道，甚至把別人比下去，讓全世界都認同你的優越、你的與眾不同。所以，這場意外是過去的自卑與自負性格所造成的，這混合的矛盾性格，一步一步把你推向萬劫不復的深淵。」心理分析師準確地說出我自卑與自負的性格。

「你喜歡到處旅遊、開車、開船、開飛機，希望追求的就是無拘無束的自由感覺，努力掙脫現實生活的限制。但其實你內心很清楚，不管你飛多高多遠，你永遠也得不到真正的自由，因為你追逐的只是表面上身體的自由。當你距離心靈的自由越來越遠時，意外發生只是早晚的問題。」

「也許你的潛意識早就預見了這一幕，只是你沒有從過去大大小小的意外裡讀懂這訊息，內心只好選擇更大的訊息載體，或是任由更嚴重的意外發生，這樣才能讓你不再忽略內心的聲音。只要你一天沒聽見沒讀懂，那聲音還是會一再重複，或以更大、更響亮的方式在你面前呈現。」

「也許，這才是意外的真正成因。」我同意的說。

「人是很奇怪的動物，常常身在福中不知福，到失去時才懂珍惜所有。所以當徹底失去身體的自由時，你才有機會明白自由的真諦，讓你看見自己過去的迷思與愚蠢追求。」

我恍然大悟地說，「原來真正的自由在心靈而不在身體。當然內心不是故意製造這宗意外讓我粉身碎骨，但我相信它有能力預見並阻止這場意外的發生。它選擇容許這意外的出現，是因為我需要這場意外。只有藉著身體的嚴重受傷才能把我拉停，讓我安靜地好好傾聽內心的聲音。」我終於明白這場意外的意義了。

個案參考　生命中的輪迴

我曾有一個女性個案，她在感情上重複碰到壞男人、負心漢，不斷被騙財、騙色，最後令她患上了憂鬱及愛情恐懼症。我細心分析女個案的幾段關係，不難發現一些共通地方：對象都是比她年長許多的中年男人，不是已婚便是已有穩定女友，她總是扮演一個悲劇中的第三者角色，重複上演一段又一段被忽略遺棄的關係。

在會談中，我發現她的扭曲愛情觀是源自她缺乏父愛的童年陰影，她父親是個不負責任的人，不但嗜酒好賭，更常虐打母親，對她不理不睬。但母親都一直逆來順受，總是以為只要討好父親就能換來短暫安定。在催眠回溯時，她回到八歲那年，父親因欠下巨額賭債，離家避債並從此音訊全無。有好幾次債主臨門，她跟媽媽怕得躲在床底下不敢應門。之後，母親獨力撫養女兒，日夜在外頭打工，曾遇過幾個已婚男人，但都無疾而終。她更有一次遭受性侵犯的經驗，但最後只是啞忍並沒有告訴母親。

在心理治療過程中，我發現她的生命課題有著許多母親的影子，她的輪迴更像橫跨了兩個世代。她心底渴望尋回自己童年與母親那份缺失的愛與肯定，常為了取悅男方而做出不理性的妥協與犧牲，結果換來一次又一次被騙的機會。

經過治療後，她看清了自己在關係上的不斷輪迴，而背後的原因都跟她童年遺下的陰影情結有關。她最大的課題是學習「自己值得被愛」與「自我肯定」，將「安全感」的軸心重新回到自己身上。當糾正了扭曲的思維與價值觀後，她取回愛情的主導權與責任，學會了「說不」。她沒有再重蹈覆轍，一年後遇上一個年紀相若的男生，結婚並組織了一個幸福家庭，從此結束了她的不幸輪迴。

第九章　性格決定病患

心因性病毒

「如果說凡事皆有因果，萬物的出現都不只是巧合，你可曾想過疾病也有其存在的意義與目的？」心理分析師忽然這樣問。

「你是指病也有其存在意義嗎？」

「從表面來看，生病的主要原因是身體受到外來的侵擾，可能是細菌病毒的感染，或是突如其來的環境轉變，讓我們受寒受熱等。這些看似真確的生理與病理因素，只是醫學所能接受的合理原因。所以我們以為只要能對症下藥，把相關的細菌病毒殺死，把所有的病徵病狀有效消除，便算是成功地療癒。生病只不過是一時的不小心，或是純粹的意外不幸。但真的是這樣嗎？

若往深一層想，為什麼只有你受到感染？為什麼只有你受傷患病？好像除了你以外，身旁的人都還是很健康？你可能又會問：為什麼自己患的是這種疾病而不是別的？為什麼發病的時間偏偏要在這關鍵時刻？其實這一連串的問題背後，都隱藏著一個共同的祕密，那就是：我們需要尋找疾病的深層意義。」

「所以我右腳踝的缺血性壞死也同樣代表著某種深層意義嗎？」我心急地問。

「不論是心理學或是醫學，研究證明身心不是獨立運作的，而是互通互動、共生共存的。所以傷病不只是單純的身體問題，它們還有一個重大的祕密身分：每個疾病都是一名『背負特定訊息』的使者，它們帶著內心想要告訴我們的祕密，透過各種病徵引起我們注意，目的是要能被成功解讀。

這些密使不但頑固，更是凶悍無比，不怕犧牲，一個倒下另一個便立刻接上，忠誠地為潛意識效命。它們的目的只有一個，就是把訊息成功地傳送到你心中，所以不管你躲得多高多遠，它們全天候盯著你，你絕不可能逃脫。但只要它們完成任務，成功地傳遞信息，便會安心地悄然離去。」心理分析師解釋疾病的另類意義。

「這就是所謂疾病的心因性部分。」我想起一些醫療書上也這樣說過。

「疾病除了外在的病徵外，還有的就是內在的『心因性病毒』。其實許多疾病的根源都在心理而非生理，較為明顯的例子就是因壓力而產生的各類型疾病，包括：高血壓、糖尿病、冠心病、胃潰瘍、失眠、腰瘦背痛等等，這都是現今社會常見的文明病。這些病早已被證實跟壓力和情緒掛鉤，彼此有著密不可分的關係，只是身體透過不同的途徑反映出來而已。」

「那些心因性病毒到底是從何而來？」

「當人經歷內心矛盾，面對無形的壓力或威脅時，便會自然誘發負面情緒。面對壓力，我們會感到焦慮不安，並產生心跳加速、血壓上升等生理變化。若對這些負面的身心反應視而不見，它便會進一步打亂我們的內分泌系統，干擾神經物質傳遞，影響新陳代謝。當免疫系統受到干擾，疾病便有機可乘，損害我們的健康。」

「所以心因性病毒才是疾病的真正源頭。」

「不論壓力或情緒，其實都是內心向我們發出的警訊，告訴我們要調解內心的矛盾，處理並面對襲來的威脅與恐懼，但如果我們對這些訊號繼續視若無睹，久而久之，壓力便會形成身體的病變。所以這些心因性毒素正是潛意識要告訴我們的重要訊息，向我們表達內心正在面對的問題與困擾，如果能從一開始便解讀出這些病徵的背後意義，並妥善處理病毒源頭，或許疾病便不會形成，或發展成難以根治的頑疾。」

「因此，許多的疾病根本是沒有必要及可以預防的。」我表示贊同地說。

心理分析師點起他的象牙菸斗，再深深地吸了一口：「說得一點也沒錯。」「當疾病的意義被成功解讀後，它們作為訊息載體的任務便宣告完結，於是就不需要存在。當疾病的任務完成，很多時候疾病會自動消失，病亦不藥而癒。所以理解傷病背後的意義，可以說是治療的重要起步。」

「我曾經接觸過一個奇蹟自癒的案例，病者是一位患上末期淋巴癌的女病者，她的淋巴系統裡長滿了如檸檬大小的腫瘤，並且癌細胞都已擴散全身，所有的治療亦已宣告無效。那女病者在彌留之際，說自己的靈魂離開了身體，並遇見已故的父親。她想要跟著父親離開，但父親卻要她回看自己這輩子的成長經歷後，再決定是否真的想要離開。她看見了自己患癌的經過始末，突然明白到癌細胞的根源與存在目的。原來癌症的心因全都是源自於她的害怕，再加上宗教與文化對女性的歧視壓抑，令她一直認為自己不值得被愛，更害怕去追尋自己的夢想與人生。這些病毒思維與負面情緒，最後竟變成了身體裡的癌細胞。

女病者經歷瀕死後再次醒來，她身體裡的癌細胞竟然全消失無跡。在現今醫學上，淋巴癌是絕不可能無故在三天裡奇蹟自癒的。但她只解釋說：因她已解讀了癌症所帶來的重要訊息，所以癌病已經再沒有存在的必要了。」分析師跟我分享了一個真實個案。

「所以每個傷病都有其獨特意義，都是一個訊息的載體。只有了解疾病的真正目的，成功解讀其背後的隱藏意義，我才有機會得到真正的療癒，疾病才會甘心離我而去。如果我只是想辦法盡快地把它們壓抑消音，不但解決不了問題，反而會讓它們換個更凶悍的病徵，轉個部位再找上門來。因為我不是在跟疾病打架，而是在跟自己的內心搏鬥，是這意思嗎？」我複述心理分析師的意思。

分析師大力地點頭。「如果你久病未癒或是時常生病，也許在下次看醫生吃藥時，認真聆聽一下自己內心的聲音，傾聽疾病對你訴說的故事。若是壓抑病徵病狀，採取頭痛醫頭、腳痛醫腳的態度，疾病只會像變形蟲一樣，換個面貌，在你身體的另一處跟你再次糾纏。」

我開始認真地思考意外與腳患的共同意義，終於看見兩者同樣是受著我對自由的渴求所影響。於我來說，『腳』代表了身體自由的最重要及最基本部位，因此沒有比傷殘腳患更適合不過的疾病作為訊息媒體了。試想想，一個能在天上飛、水裡游、地上跑的冒險旅遊家，如今連最基本的走路、上廁所都做不了，這可算是對我最大的棒喝與最徹底的打擊。

因此，只有讓我安坐在輪椅上，哪也去不了，才讓我有機會去探索內心對於自由的追求，以及自由的真正意義。

重複的噩夢

「經過神醫事件後，我便進入了自暴自棄的狀態，不但放棄了所有的復健治療，更從意外前的人生高峰一夕間墜入幽暗低谷裡。那時候，我經常重複做著一個噩夢，你可以替我做一次夢的分析嗎？」我把那個蟑螂噩夢詳細告訴分析師。

分析師咬著菸斗，閉上眼睛想了一會。「你這個夢，正好把你的心理狀況總結出來。教授不是跟你說過，夢是通往潛意識的大道嗎？夢裡的人物角色、夢境的情節遭遇，均含有深厚的象徵意義，都是你內心對整個意外及治療的投射再造。」

分析師繼續說，「治療計劃失敗後，你的情緒開始出現問題，或者該說，是你長期壓抑的負面情緒終於失控爆發。看來你已經患上嚴重的憂鬱症，更已經到了尋死的絕望地步，整個人被黑暗所籠罩，怪不得你看不到治療的方向。」分析師嘆了一口氣。

「也許你說的對，我的確走上了人生絕路。」我坦白承認。

「其實，大多數患情緒病的人都不知道自己情緒出現問題，你的專業身份更讓你誤以為自己擁有比別人高的免疫力。要知道，在疾病面前，不管你是什麼身份人物，同樣也會感到無助與害怕。所以，勇於面對自己的情緒，並尋求別人的幫助，才是真正的勇氣表現。」

我慚愧地低下頭。

「如果你有勇氣繼續聽下去，我就直接把夢境的分析結果說出來。」分析師像是在給我警告與測試一樣。

我把低垂的頭抬起，堅定地對分析師說，「我不會再選擇逃避了。」

「那麼，我們先從夢裡的蟑螂說起吧。蟑螂，其實就是你現實生活中自我的形象反映。你說說看，蟑螂給你的第一印象是什麼？讓你聯想到什麼？」分析師問。

「蟑螂給我的感覺是厭惡，牠的樣子噁心，形態醜陋，看到牠的身體便聯想到骯髒的地方。牠的存在讓人感到不舒服，幾乎讓人反胃，是一種與正常環境非常不協調的低等生物。」我老實地回答。

「這些描述，正好反映了你對自我形象的評價。一直以來，你的注意力只投放在事物的外表上，是完美主義者常有的通病。你厭惡這個不完美的自我，把自己投射成一隻噁心、形態醜陋的蟑螂。跟從前健全的身軀相比，你拒絕接受現在的殘缺形象，你感到自卑、缺乏自信，更害怕在他人面前出現。因為過去的你，是把自己的價值，建築在別人的評價上。低等與不協調的感覺，正象徵著你內心的害怕，你害怕自己變成一個不正常的殘障人，害怕給人添麻煩，害怕讓人討厭，更害怕受到冷漠歧視。」

「那夢裡出現的場景，又代表了什麼？」我沮喪地問。

「夢中的場境佈置，正好反映了你現實的生活狀況。在夢境中，雖然你已經選擇躲到廁所的黑暗角落，但還是不停地被人驅趕。這代表在現實生活中，你不斷地在自我萎縮、自我隔離，但依舊沒找到一處可以讓你安心，安靜的地方。不管你身處何地，你總是感覺到自己與外在環境格格不入，所以必須把自己隱藏在黑暗中，讓自己變得透明，這是你唯一想到的解決辦法。但即使是這樣，你還是認為這個世界已經不能容納自己。但其實，真正不能容納你的，是你自己而已。」

「蟑螂雖然沒做錯事，但卻無緣無故被人用力地踩著。這應該是在描述我對意外的感覺吧？」我說。

「你說得沒錯。對於你生命突然出現的噩耗，你感到極度茫然、感到冤屈與無助，你自認沒有做出任何錯事、壞事，卻要受到飛來橫禍的懲罰，你感到極度的不公平、不公義。你甚至開始懷疑自己一向信奉的價值觀，關於善與惡、對與錯的界線開始變得模糊，所以你感到迷失、迷惑。」

「那麼，為什麼牠是一隻逞英雄的蟑螂？」

「你將自己比喻成一隻逞英雄的蟑螂，代表著你不服輸的倔強性格。你從小選擇跟命運對抗，一生都是靠自己努力打拚，雖然並沒有什麼了不起的成就，但卻活得有尊嚴。所以，你一方面接受命運的擺佈，暗地裡卻還在想要跟命運抗衡，渴望憑藉一己之力扭轉命運，並不甘心就此妥協罷休。所以牠只好自斷身子，拖著前半截身體離去。」

「蟑螂自斷身子，拖著半截身體離去，又是什麼意思？」

「你即使被判定為傷殘，但你仍努力想要掙脫逃走，不甘於坐以待斃，這反映了醫生對你的腳患宣佈醫療無效時，你還是拖著受傷的身軀，努力尋訪各種另類治療，這是因為，你希望自己能夠再次創造奇蹟。」

「既然如此，為什麼到最後，蟑螂還是要學習配合自己的處境，甚至還要嘗試理解自己的命運？」我不明白地問。

「原因很簡單。當你經歷一次又一次的失敗，一次又一次的失望後，你開始對治療失去希望與信心。你感到命運巨輪的不可逆轉，所以你放棄了抗爭，甚至選擇接受命運，聽從擺佈。你嘗試找出各式各樣的理由，去合理化你的遭遇，嘗試麻痺你的感官神經，開始自我放棄與放逐。」

「那麼，蟑螂透過被吃空的軀殼看天空，繼續無知無覺地生存，就是反映我對未來的看法吧。」

「你解讀得沒錯。你現在可以嘗試自己解讀看看夢境的最後部分。」分析師鼓勵我繼續說下去。

「那個被螞蟻吃得只剩下空殼的半截身體，正反映了我右腳踝骨骼因缺血性壞死而枯萎的事實，亦代表著我對於骨枯的極度恐懼。我害怕自己親眼看見這一天的到來，害怕我的生命就將結束。我與世界不再有共通點，甚至連跟自己也不再有共通點，因為我已經跟一個死人毫無分別。」我試著分析自己的夢。

「你分析得非常好。恐怕沒有人比做夢者更能讀懂自己的夢了。因為夢境就是你內心編造出來的獨有訊息。現在，我已經把解夢的本領傳授給你了。」分析師滿意地說。

「明白到這一切的意義，對我來說十分重要。謝謝你，心理分析師！」我滿懷感激地道謝。

原來，當人能夠讀懂意外及傷病的背後意義時，頓時會有一種恍然大悟的感覺，內心瞬間豁然開朗，視野無比清明。這種心境的轉變，不僅能讓人找回平靜，更讓病患看到成功治療的真正曙光。試想，當人的力氣都消耗在跟命運搏鬥或逃避現實時，根本沒有多餘的心力進行治療。當雙眼已經被蒙蔽著，又如何看到療癒之路？

個案參考　石器時代的夢

陳小姐因為長期失眠的困擾前來找我求助。她的睡眠品質極差，睡前腦裡總是充滿未完成的事情，以致難以入眠，最近還開始伴有掉頭髮的現象，使她十分擔心。她說這個夢境在過去一年間，重複地出現：

「那應該是在石器時代，我是一個男人。手上拿著石製的武器或工具。我從山洞內往外望，那時大約是在晨曦時分，四周寂靜無聲。風是冷颼颼的，太陽從遠方山頭緩緩往上升，但是我一點喜悅感也沒有，內心只有恐慌。因為我必須離開山洞去狩獵了，同時又感受到死亡的接近，我不知該如何做決定。四周出奇地安靜，我彷彿聽到死亡的呼喊……」

從夢境的表面意象來看，陳小姐像是身處在一個陌生的環境，雖然她沒有看到立即的危險，卻感到孤獨與害怕，她必須要拿著武器，走進一個充滿死亡威脅的世界。從諮詢過程中得知，陳小姐是高層行政人員，在一年多前跟先生離婚，現在由她獨力撫養女兒。

這個夢的意境，其實剛好符合她的現實生活情景。在夢中，她變成了一個男人，拿著武器準備出去獵食，在傳統舊社會中，養活妻兒是男人的責任，此刻她便是擔當起這個角色。陳小姐的婚姻不愉快，所以離異對她來說是一種解脫，亦是新的開始，就像夢中看見的晨曦與溫暖的太陽升起一樣。但是，生活上突然的轉變，卻為她帶來了不安，對於未知的恐懼，就好比受到了來自死亡的威嚇。她的心情十分矛盾，因為她知道必須離開安全的山洞，獨自面對未來。

離婚後的陳小姐，一直是以強悍的形象示人，在家人或朋友面前裝出一副堅強的樣子，總是拒絕別人的幫助。離婚後，陳小姐比從前更加勤奮工作，她的表現，得到了上司的肯定。可是，在強悍的面具之下，她其實承受著巨大的壓力與恐懼，她不能求援，亦不想示弱於人前。雖然她漠視內心的壓力，但身體正透過掉髮來向她傳遞訊息，而她一向十分重視她的秀髮。

在經過心理治療後，陳小姐學會了承認，並接受自己的軟弱，解除了對未知的不理性恐懼。她不再倔強地獨力承擔所有責任，在需要時，開始會向朋友或家人尋求援助，她卸下了不必要的過多包袱。而在睡前，她都會進行放鬆意象療法，解除身心壓力。失眠的問題很快地得到顯著改善。就在我為她解讀了夢境所示現的內心訊息後，掉頭髮的問題亦自動消失。直至此時，她才真正重新開始適應身為單親媽媽的生活。

第十章　心理治療師

心理治療師的房間在走廊右邊的第二間房間，房門上寫著「治療室」。我輕輕地敲門，看到門梁上的綠燈亮起後，便推門進去。治療室比之前看到的房間都要大，進門後是一個小型客廳，中間放一套舒適的Ｌ型沙發，茶几上青花瓷瓶清麗脱俗，配合簡約的鮮花裝飾。四面牆壁掛有歷代書法家的字畫，對門的牆角放一套專業用的音響設備，感覺就像是置身於現代的文化展示室裡。

心理治療師坐在沙發的一旁，大約三十歲出頭，梳著清爽的短髮，穿著剪裁合身的白襯衫、深色西褲，皮鞋打磨得光滑亮麗。他給人的印象是一名打扮時尚、懂得享受生活，有品味、有個性的青年才俊。

「請坐，要喝點什麼嗎？」心理治療師示意我到沙發坐下。

我看著幾個空的位子，稍微猶豫了一下。

「放輕鬆隨便坐吧，我不喜歡玩座位心理分析這小玩意。」心理治療師好像跟分析師十分熟稔。

「我是專程來處理我的憂鬱及焦慮情緒的。」我選擇坐在沙發的另一端，向治療師直接説明情況。「我曾經也是一位心理專家，但是因為接受不了身體傷殘的命運，現在已經喪失了情緒的管控能力，甚至變成一名絕望的憂鬱症患者。」我有點羞愧地説。

「其實，每個人都會有不同程度的心理或情緒病患，因為我們都生活在一個病態的社會裡，所以出現情緒問題恐怕是無可避免的。更何況，你正遭遇生命中的重大難關，被憂鬱困擾是再正常不過的事情。」治療師安慰我説。

「就像痛楚是活著的一部分，都是無可避免的。」

「但是，你不用擔心，我們同時亦是自己最佳的心理治療師。當你走出心靈殘障的困局後，身體的治癒能力便會回來。」

心理診斷

「到底應該如何判別一個人是正常或是不正常？有絕對的標準嗎？」我感到自己已分不清楚何謂正常。

「所謂的正常，根本就沒有準確的定義。同樣地，精神疾病也欠缺精確的診斷準則，一般只能使用概括性的描述語句，並包含了一系列的可能病徵病狀。因為每個病患出現的狀況都不盡相同，所以診斷時還須考慮個人的性格、資源網絡，與生活技巧等因素。」治療師回答著。

「相較起對於身體疾病的診斷，精神病診斷似乎更為困難複雜啊。」

「面對無形無相的精神狀態，心理醫生能倚靠的，就只有個人經驗與分析，客觀的儀器檢測或生化檢驗可謂不存在。即使是同一種精神疾病，也可能是由不同的心理原因所引致，並且會呈現出各種不同的行為表現。所以，心理診斷未必如大家想像般地那麼有意義。」

「那要怎樣判斷，才算患上精神疾病？」

「簡單來說，精神病可被視為一種對環境事件的身心反應。精神疾病只存在於一整連續性的行為光譜上。因此，正常不是絕對，而是相對的。每個人多多少少都有不正常部份，不正常部份越嚴重的人，在功能運作上，就容易遭遇越多的困難。

專業心理診斷的出現，確實讓人再度重視起精神健康，並且有效地糾正了許多從前被人所忽略或輕視的病態思想及行為，從而將患者從心靈殘障的深淵拯救出來。但是，心理診斷也同時製造了嚴重的標籤效應，使得患者更容易對號入座，甚至把自己的行為徵狀合理化。另外，由於外界對於精神病缺乏正確認知，以致出現偏見、疏離、甚至歧視等現象，大大增加了患者的生活負擔。」

「怪不得在心理專業急速發展的同時，被判定罹患精神病的人數，好像也相應地增加了。」我有感而發地說。

「精神疾病可分為兩大類別，一般大家常說的精神病（Psychotic disorder）其實是指比較嚴重的一種。這類的患者，有著嚴重與現實脫離的狀況。精神病患者常伴有幻覺、妄想與非邏輯性思考，他們的行為，非常顯著地偏離了社會規範，還伴有深度的思維和情感混亂。」

「就如同精神分裂或多重人格障礙等疾病。」我舉例説著。

治療師輕輕地點頭。「另一類，則被稱為精神官能症或神經症（Neurotic disorders），泛指那些相對較為普通的心理毛病。患者並沒有出現腦異常跡象，也沒有表現出廣泛的非理性思維，或違反基本的社會規範。神經症患者會體驗到主觀的痛苦，感到自我挫敗，卻又無法採取適當的應對策略。此類疾病的特色，是將現實扭曲，卻又沒有完全與現實脱離。常見的病例包括憂鬱症與焦慮症等。」

「我想，我的問題應該是屬於後者吧。在這段日子裡，我的身心都感到極度的疲累，對於身邊所有事物都失去了興趣。就連思考能力也變得緩慢，根本無法專注在任何事情上。」

「你在一整天之中的大部分時間，都快樂不起來嗎？食慾與睡眠質量如何？」治療師問。

「我已經記不起快樂是什麼樣的感覺，即使面對平常最愛吃的壽司，也完全提不起食慾，每天只渴望一直地睡下去，不要再醒來。」

「那麼，你有想過死亡嗎？」治療師擔心地問我。

「我對於自己、對於世界、對於生活，都有著強烈的厭惡感，更反覆地出現想要自殺或被殺的念頭。」

「你有沒有出現幻視、幻聽，或妄想等症狀呢？」

「這些倒是沒有。」

「以你現在的情況，不管放到哪個憂鬱症測量表上，你的憂鬱指數早就破表了。其實，只要一出現憂鬱情緒，便該及早處理，切莫等到病症形成了，才來求醫診治，所謂病向淺中醫。」治療師對我的延誤診治略皺眉頭，表示惋惜。

解讀憂鬱

「在現今社會中，罹患情緒病的人數，其實遠比你想像的多。根據世界衛生組織的資料顯示，近年罹患憂鬱症的人數一直在急劇上升。估計數年之後，全球可能有多達10%的人口將成為憂鬱症患者，即是每十個人之中，便有一個。所以，即使你現在擁有健全的心理健康，也並不代表憂鬱症與你無關，因為你的家人或朋友，極有可能成為下一個受害者。」治療師用數據説明憂鬱症已經發展到一個十分嚴峻的情況。

「所以，即使我自覺心理健康，也不代表憂鬱症與我無關，因為會受影響的，不僅僅只有患者一人，患者身邊的家人或朋友也會一同受到傷害。」

治療師點頭同意。「憂鬱症有極大趨勢，會發展成為最高復發率的長期病症，並將打敗眾多難纏生理疾病，如心臟病、糖尿病、或多種癌症等，榮升人類第二大的健康負擔。但是，嚇人的不只是患病人數，其發病率與治療難度，也同樣讓人震驚。憂鬱症的第一次發病年齡不斷年輕化，最多的竟是落在二十多歲的族群，更有不少個案是屬於十來歲的青少年人。

憂鬱症有著極強的生命力與持續性，大有演變成長期疾病的趨勢。調查發現，大約25%的患者，在治療一年後病情依然持續，約20%的患者，兩年後仍舊憂鬱。患者即使完全康復，也有高達五成的復發機會，復發率之高可算是眾身心病之首。」

「憂鬱症好像變成了現代社會的文明病。但是，為什麼人類社會越進步，憂鬱症的情況卻越嚴重？」我不解地問。

「這是因為，人類的精神文明不但沒有進步，反而一直是在倒退，人的心理健康也同樣被忽視，忽略。現今的人類，不只跟大自然疏遠，跟自己的內心更是漸行漸遠。其實，造成憂鬱症的原因多不勝數，可能是突如其來的生活劇變，也可以是無法逃脫的生老病死，或是無窮無盡的貪瞋妄念。即使是同樣的悲劇，放在不同人身上，也可能引發截然不同的局面。其實，憂鬱症的真正成因，就只有一個，那就是人的一念之差。」治療師輕嘆著。

「這就是所謂的一念天堂，一念地獄。」我回應説。

「一般來説，憂鬱症的病人大都擁有完美主義者的性格，對世界常有不切實際的期望，對自己常以過高的標準審視，因而抑壓了大量的失望與憤怒。無法宣泄的負面情緒，只好找自己做懲罰對象，透過不斷的自虐，形成一種受害者與施虐者的循環關係。在無力及無望改變的孤絕環境下，最後只好把自己的身心分離，跟外界斷絕，墮落至萬劫不復的黑暗絕望中。

當人處在一個不屬於自己的身體或地方，做著不喜歡的工作，或是過著不喜歡的生活方式，便自然而然產生一種抗拒排斥的感覺。內心為了減少負面情緒的影響，只好採取疏離的方式，讓自己跟不協調的身體與外在世界保持距離。」治療師攤開雙手，做無奈狀。

「所以，我其實是一直在排斥自己的身體及處境，不管是在過去或是現在。」我求證般地問著。

「無論是之前的警察工作，或是意外後的傷殘身體，都是你內心所不能認同、不能接受的。因此，你常感到自己跟身旁的人格格不入，跟周圍的環境不能協調，覺得自己就像一塊多出來的拼圖，總找不到合適的擺放位置。無論你把自己放在最雜亂的地方，或是最不起眼的邊緣角落，那種突兀感，還是無法解除。

為了盡力消除這種不和諧的畫面，你嘗試修改自己的外形，盡量迎合環境，以減低落差縫隙。若還是不夠，你甚至可以把自己褪色淡化，漂去本身的色彩亮光，讓自己變得透明，好讓別人也忘記你的存在。

然而，即使從表面上看來，你已經成功消弭了自己與外在的種種不協調，但是，你內心的矛盾與疏離卻是有增無減，大量的憤怒與失望開始積聚。你感到迷失與恐懼，害怕自己變成了另一個人，害怕每天過得同樣地單一無趣。你開始討厭自己的膽小怯懦，氣自己的無能為力。」

「最後，大量的負面情緒因為無從宣泄，只好向自己進行反噬，找自己做為懲罰的唯一對象。」我補充說著。

「這種自虐苛待的關係不斷蔓延，在毫無出路的情況下，希望幻滅，絕望形成，憂鬱的情緒也就變得堅不可摧了。憂鬱症的可怕，不只在它的牢固，它更會讓人盲目，使人看不見任何希望的亮光。此時，死亡就往往變成了患者的唯一救贖，自殺成了患者的最後選擇。」

「當身陷憂鬱深處時，死亡確是我腦海裡唯一出現的救贖。」我點頭承認。

「面對無常的生命，恐怕無人可對憂鬱症免疫。」治療師感嘆地說。「我必須透過你的種種親身經歷，讓你明白，憂鬱情緒是如何在你身上一點一滴地形成，希望你可以因此，看清憂鬱症的真正面目。」

憂鬱風暴

「雖然我不能羅列憂鬱症的所有可能原因，但是只要細心觀察及解構，你不難發現，整個負面思維網絡就好比一個牢固的金字塔，心境、身體、環境、與記憶，就是金字塔底下的四塊重要基石，而你的念頭想法就是塔尖。」

治療師開始為我解構整個憂鬱金字塔的形成過程。

一、憂鬱的心境

「面對突如其來的不幸及不治腳患，你根本不懂該如何面對。你的內心，首先湧現出大量害怕、焦慮、不安等負面情緒。由於你必須要故作堅強，你唯有強迫自己把這些驚恐情緒都重重地壓抑下去，內心因此積聚了大量負面能量，無法得到適時的疏導及處理。

長期累積的恐懼情緒慢慢開始發酵，吸引出更多不好的念頭想法：你擔心治療會徒勞無功，害怕腳患日益轉壞，憂慮工作仕途就此結束，更害怕自己終將成為別人的負擔等。同一時間，無端的憤怒情緒不時來襲，你不斷在問：『為什麼是我？』你感到不公平、不甘心，不明白自己為何落得如此下場。但是，怨天尤人並沒有為你帶來絲毫解脫，只把你的心結綁得更緊更實，悲憤等負面情緒只反過來撲向自己的內心。」心理治療師準確地說出我當時的心境。

「所以，我的害怕情緒與憤怨心境，是第一塊憂鬱基石。」

二、憂鬱的身體

「接著，你的身體對這負面心境做出了強烈回應。身體多處的骨折與大小的傷口，不但給你帶來極度的痛楚，還有極端的不便。你被困在狹小的病床與輪椅上，四肢被包裹得像木乃伊一樣，無法伸展，不能洗澡，有時候疼癢難當，有時候痛苦萬分。錐心之痛不但日夜煎熬折騰著你，更時刻提醒你未來將無法走路，變成終生殘障。

這一重重的身體枷鎖，讓你感到極不自由，就連做一件簡單的事情，都得依靠別人。你像被困於一個討厭的皮囊裡，夜不安枕，食不下嚥。你害怕看見鏡子，害怕看見自己憔悴的面容、傷殘的身體、垂頭喪氣的樣子。這樣的身體能帶給你的，只有無限的鬱悶心情，更多負面的心念想法。」心理治療師在推著一張空的輪椅。

「所以，疼痛與不自由的身體成為了第二塊憂鬱基石。」我回應。

三、憂鬱的環境

「害怕焦慮的情緒、疼痛鬱悶的身體，最後成功打造出孤立無援的環境。由於活動能力受到嚴重限制，你的生活空間被不斷地壓縮，被迫放棄所有能帶來歡樂的活動。你不能如往常般，流連喜愛的書店、咖啡館或電影院，只能疲於奔命地往返醫院及診所。

你的生活環境都像是跟疾病掛勾，空氣中充斥著消毒藥水與中草藥的氣味，到處可聽到病人的嗟嘆哀號。日常讀物換成了艱深的醫書藥典，只暗暗渴望從病例中找到奇蹟。美味可口的食物從飲食清單中消失，取而代之的是噁心的止痛膠囊。你彷彿被一層無形的愁雲慘霧籠罩著，看到、聽到、聞到、想到的，都是跟疾病有關的東西。」治療師在空氣中噴灑了味道像消毒藥水的噴霧。

「原來，我的生活環境也一同得了重病，將我進一步自我孤立隔離，誘發出更多負面情緒與心念，成了第三塊憂鬱基石。」我感到自己像重新回到醫院一樣。

四、憂鬱的記憶

「當負面的心境、身體與環境形成到位，就只等待最後的憂鬱基石降臨，便築成整個負面的病態思維網絡。在意外發生前，你的人生也算如意順利，潛意識裡根本沒有太多負面的傷痛記憶。你可能會問：『大量的正面記憶不是能有效阻止負念的形成出現嗎？』

這正好是人心奇妙難測的地方。如果錯誤運用你的正面回憶，同樣可能帶來破壞性後果。當時，你因為不敢面對傷殘的現實，害怕想像無望的未來，只好選擇活在自己美好的回憶裡。你不斷地緬懷從前的美好生活，追憶身體受傷前的自由自在，更把一個又一個完成的夢想成就重新翻出，重新自我肯定。但這些本來美好的回憶，竟變成了最痛的刺針，一根根釘在你的內心深處。」

「所以，我過去的夢想、成就，反而瞬間成了人生最大的諷刺傷痛，強烈的對比誘發出更多負面情緒，並把身體的痛楚無限放大。」我道出最後的一塊憂鬱基石。

「有時候，你內心出現的，可能只是一片驟然飄過的黑雲，但你卻把黑雲吸引過來，不停為它施肥灌溉，自導自演般，把它轉變成狂風暴雨，最後造成好幾天的壞天氣、壞心情。

最初的一念，可以輕易發展成一個漩渦，把人牢牢地綑綁其中，像坐困愁城一樣。這也是為什麼，一般人常常會產生初焦慮、憂鬱、壓力、苦惱等情緒的主要原因。雖然我們無法防止負面情緒的出現，無法拒絕自我批判的念頭冒出來，也不可能完全避開悲傷不快的記憶，但是，卻可以不被這些負面心念牽著鼻子走，可以選則停止提供它們養份，進而阻止負面思維網絡的形成。」治療師解釋著。

「在自己身受重傷的那段時間，我真的阻止不了負面情緒的複製湧現，最後只好被排山倒海的黑暗與絕望，徹底地打敗。」我承認著說。

「當金字塔式的思維網絡一旦形成，只要隨便碰到一個壞想法或情緒，吸引力法則便會自動連線啟動，令負念能量不斷反饋增強，釀成一股破壞力強大的情緒風暴。最後，你就只有墮落進憂鬱症的無盡黑暗絕望裡。」治療師總結地說。

「所以是我對於負面情緒的不良反應，才導致了後來的憂鬱風暴的。」我也試著總結說。

忽然間，我明白了一個驚人的事實——真正傷害、困擾我的不是情緒或念頭本身，而是我對它們所做出的負面反應！原來這就是所有情緒病的主要構造以及運作模式。

參考資料

憂鬱症診斷

根據美國精神醫學協會所頒訂的《精神疾病診斷與統計手冊》第五版（The Diagnostic and Statistical Manual of Mental Disorders, DSM-V），憂鬱症常見的主要症狀有下列九項，被診斷為憂鬱症者必須包含下列第一、二項，且具備五項以上的症狀。這些症狀不是由於藥物濫用或一般疾病引起，而且出現症狀的時間維持兩週以上。

一、情緒低落：不開心／鬱悶／空虛／心情不好

二、明顯對事情失去興趣：失去興趣／不能專心／無助感

三、胃口改變：體重大幅下降或上升／腸胃不適／食慾不振

四、睡眠習慣改變：嗜睡／失眠／早醒

五、動作遲緩或因不安運動量增加：動作緩慢／躁動／活動力變低

六、疲倦或失去活力：易倦／乏力／缺乏動力／沉默

七、無價值感或過強的罪惡感：自我價值感低／無價值感／罪惡感強

八、注意力不集中或猶豫不決：無法有效思考／不易做決定／記憶力變差

九、自殺的念頭：自殺想法／自殺計畫或行為」

焦慮症診斷

焦慮症患者的擔憂是持續性、經常性、非理性、及不合比例的。患者經常會鑽牛角尖、胡思亂想，形成一個惡性循環，到最後演變成「先天下之憂而憂，後天下之樂而樂」，患者常出現的三大病態思維：過於高估壞情況出現的可能性、過於高估不好結果帶來的嚴重性、難以面對或容忍不確定情況的出現。

如果連續六個月或以上，你出現的擔憂的時間，比不擔憂時間要長，對許多事件或生活出現難以自控的焦慮，並持續出現三個或以下的徵狀：

- 坐立不安、煩躁、或無法安心定
- 容易感到疲勞
- 難以集中精神或腦袋一片空白
- 易怒
- 肌肉緊繃或全身酸痛

●失眠、或睡眠品質不好

如果焦慮的情況對你構成困擾，或對你的生活功能造成負面影響，包括工作、學業、家庭或社交等，你便可能患上經常焦慮症。

第十一章　心病心藥醫

醫病者的共同盲點

治療師突然站起來，走到他的專業音響前，按下了幾個不同的按鍵。然後，莫扎特的 K626 號作品《安魂曲》徐徐地被播放出來，曲聲肅穆哀愁，沉重的弦樂伴奏與暗淡的情緒，象徵了永恒的安息。只是，在樂曲中，還能隱約聽到一些騷動不安，像是在表達人在面對永恒死亡前的心有不甘。

「我已經準備好了，我希望可以馬上接受治療。但是，我應該找心理醫生或是精神科醫生？」我問。

「心理治療跟精神醫學可說是兩個領域相同，但治療手法與理念不一樣的健康專業。

心理治療師主要運用心理學原理，幫助患者找出問題根源，提升心理功能及情緒管理技巧，並不涉及使用任何精神藥物。針對的對象，主要是情緒、思想或行為上，受到短暫或長期困擾的患者。其致病原因，並不是由生理或身體疾病所引起的。不同的心理學派，也有各自的心理治療模式，例如精神分析、人本主義、認知行為、家庭系統等。

精神科醫生，則是擁有西醫專科資格，主要是透過精神藥物作治療手段，直接改變患者的神經傳導物質、荷爾蒙、或神經系統等，從而有效調整患者的精神及生理狀態。針對的對象，多為嚴重的精神疾病，比如像幻聽、妄想，以及長期的情緒困擾等患者，其致病原因，可能涉及了腦部病變或是特殊的生理狀況。」

「坦白說，我現在都在服食精神藥物，那是否是我唯一，或者是最好的選擇？」

「你必須先看清楚精神藥物的作用與副作用，然後再決定什麼樣的治療，才最適合你的身體與精神狀況。」

治療師沒有正面回答我的問題，反而開始向我講解精神藥物的主要種類與作用。

精神毒藥

「隨著醫學科技的進步，精神藥物的療效已經得到大大地提升，其副作用亦大為減少。最常見的兩類精神藥物為，血清素（Serotonin）及多巴胺（Dopamine）。這兩者都是腦神經系統裡的重要神經傳遞物，透過影響神經信號傳遞，而調節腦部及各生理機能，所以能有效影響一個人的情緒反應。

血清素為腦中主要的情緒調節傳遞物之一，常被稱為人體的幸福元素，能使人有輕鬆、幸福、樂觀、安詳、自信的正面感覺。當腦內血清素不足或功能失衡時，便會出現情緒低落、恐懼、焦慮、悲觀、失眠或記憶衰退等憂鬱症現象現象。血清素在憂鬱症的治療上有顯著功效，能直接提升個人情緒。

多巴胺則是一種腦內分泌，主要是負責大惱內的情慾與感覺，有傳遞快樂及興奮情緒的功能，所以又被稱為快樂物質，常被用做治療憂鬱症。有研究發現，當兩人親密相處時，腦內會產生大量多巴胺，所以愛情就被認為是大量多巴胺的作用結果。另外，尼古丁及毒品，也可增加多巴胺的分泌，使人產生愉悅快感，以致令人上癮。至於缺乏多巴胺，則可造成失去肌肉的能力，甚至令手腳不自主地出現顫動。」

「這兩者都是透過化學合成的外來藥物嗎？難道我身體裡，並沒有可自行調節情緒的東西嗎？」

「那倒不是。在我們身體裡，擁有一種調節情緒的天然物質——腦內啡（Endorphin），亦稱安多酚，主要是由腦下垂體及丘腦所分泌，其結構與功能跟麻醉劑中的嗎啡相似，但是擁有遠比嗎啡更為強勁的止痛作用，可以說是最好的天然鎮痛劑。腦內啡讓人產生飄飄欲仙的快感，又或有如身處深海的平靜感覺。當身體受到極大壓力時，腦內啡就會分泌出來緩解痛苦及降低壓力，更會進一步將痛苦轉換成幸福的感覺。

馬拉松長跑時所產生的另類快感，就是腦內啡作用的經典例子。跑手的身體長時間由於承受缺氧及過度疲勞，形成巨大的壓力與痛苦。大腦為了克服這種極端的身體狀況，會分泌出大量的腦內啡來抑制痛苦，使得身體變得輕鬆輕盈，並且透發出一種歡樂滿足的充實感覺。很多研究已經指出，運動時大腦會產生讓人興奮愉快的腦內啡。所以，光是透過運動，人體就能製造出天然的情緒調節藥物。

另外，許多研究也發現，當身心處於極度放鬆及平靜狀態時，大腦不但會釋出a波段，同時也會分泌腦內啡，使人產生安詳愉悅的滿足感。這也説明了，為何打坐、冥想、瑜珈、氣功等活動能夠安定心神，有效舒解壓力，長期練習更可促進心理健康。所以腦內啡可説是調節情緒的天然黃金藥物。透過簡單的催眠技巧及暗示，也可有效加強腦內啡的分泌，完全取代外服的精神藥物。」治療師詳細地向我講解。

「如果長期服用精神藥物，會有嚴重的副作用嗎？」這時的我，已經服用精神藥物長達六個月了，所以有點擔心地問治療師。

「雖説精神藥物的副作用相較以往，已經大為減少，但是也不等於絕對安全。世界上，恐怕難以找到完全沒有身心副作用的藥物啊。長期依賴精神藥物，會損害身體其他器官，常見的副作用包括胸口翳悶、疲倦乏力、性慾減退、口乾、便秘、頭痛、及冒汗等，通常這些症狀在初期會較為顯著，可能會隨著身體適應了而減退，亦可能持續不散。」

「所以，服用精神藥物根本不是我唯一或是最好的選擇。」我說。

「雖然精神藥物能夠快速且有效改善你的情緒及精神狀態，然而，這樣是否就等同，已經將你的根源性問題解決了？相反的，這正是服用精神藥物，最危險的地方。因為，藥物只是把問題掩蓋在顯意識底下，把用做提示患者的壓力徵狀清除，無疑只是逃避現實的鴕鳥行為。如果，患者不針對問題作出根源性的改變，反而繼續固有的病態生活方式，下一個情緒燃爆點，只會更大更響，所帶來的傷害也越加嚴重深遠。

很多時候，心理或情緒出現問題，都是源於扭曲的價值思維，或是缺乏處理壓力技巧，服食精神藥物可能只是治標不治本的辦法。一旦開始服用精神藥物，療程普遍都是十分漫長，過程中絕不可以隨便減低藥物劑量或停止服用，否則可能會引起更嚴重的反噬副作用。當養成依賴精神藥物的習慣後，患者將成為藥物的奴隸，就等於放棄了調節情緒的責任與主導權，並進一步削弱自身的心理調節功能。」

「這可不是我所要相信或追求的治療方式。」我清楚地回應。

瞬間轉念

「憂鬱症是一種難纏的精神疾病，因為憂鬱情緒能不斷自我複製、循環再造，當病態的負面思維一旦形成後，患者就像坐困愁城一樣，只看到無助與絕望，但其療癒方法卻是十分簡單，患者不需服用任何藥物，不需倚靠任何專業技能，只需要學會轉念，重新觀看世界，重新感受身邊事物。」心理治療師對我解釋治療的方法。

「只要學會轉念。」我重複。

「轉念是所有情緒疾病的根本治療良方，患者只有廢除舊有的病態認知，放下二元對立的判別心，嘗試接受與擁抱自己的不完美，才能轉化這股負面能量，中斷自我苛責的鎖鏈關係。這轉念可以發生在一瞬間，但也可以蹉跎一輩子，你認為容易的確很容易，你認為困難也十分困難。

心理學專業提供了許多方法技巧幫助患者學習轉念，其中以『內觀放鬆法』與『正念意象法』最為簡單有效，療效得到大量的臨床心理實證支持。我現在替你進行的正是這種療法。」心理治療師把房間的燈光調暗，並在桌上點起蠟燭。

一、內觀放鬆法

*可參考附錄「聲音導航」QRcode鍾灼輝博士與趙安安博士的示範

內觀放鬆法能讓人把思想與感覺拉回當下，透過呼吸放鬆法，消除身心的壓力，紓解積存的鬱結情緒。藉著內觀，把注意力轉向身體，再一次感受並探索自己的身體，把身心重新連結。在整個放鬆練習中，患者試著以不批判的態度跟自己相處，既不刻意讚美，也不故意責備，是一種簡單易學的壓力放鬆練習。

「在進行內觀放鬆法前，請先選擇一個寧靜舒適的環境，預備一顆願意改變的心。療程時間可因應不同需求而自由調整，整個過程可短至十分鐘內完成。我建議你在起床後進行這內觀放鬆練習，當作是身心的早晨運動，為自己注入正面的思維能量，以全新的自己，體驗全新的一天。」

治療師正式開始替我進行治療。

「首先，讓自己的雙眼輕輕閉起，把身體調整到一個舒適的位置，然後深呼吸三次，正式開始內觀放鬆練習。」

「把手放在小腹的位置，改以腹式呼吸，吸氣時小腹隆起放鬆，吐氣時小腹凹陷收縮，注意一吸一吐腹部起伏的動作，慢慢習慣這種舒適的腹式呼吸。

把你的呼吸盡量放慢，讓呼吸盡量深沉。徹底地深深吸氣，一直將新鮮的空氣吸進小腹的丹田位置；然後再徹底地吐氣，把所有廢氣從身上吐出。再次深深吸氣，會讓你感到舒適飽滿。再次徹底吐氣，會讓你感覺放鬆自在。」

「接下來，放鬆你的身體，從頭到腳，逐一解除你對身體的控制。讓身體放鬆，如海綿般輕盈自在，恢復原來的彈性。隨著每一次的呼吸，身體逐漸放鬆。呼吸，頭部放鬆，五官放鬆，腦袋放鬆，整個頭部都鬆開來了。呼吸，身軀放鬆，頸部、胸部、腹部、背部放鬆，五臟六腑跟著放鬆，整個軀體都放鬆軟化。呼吸，四肢放鬆，肩頸、雙臂、雙手放鬆；大腿、膝蓋、小腿、腳掌放鬆，四肢都徹底放鬆。再呼吸，全身每一根毛髮、每一道毛孔、每一個細胞都完全放鬆，如棉花般輕柔輕鬆。」

「這次吸氣時，想像你正將溫暖的能量，帶入身體裡任何一處緊張疼痛的地方；吐氣時，將緊張的壓力消去。你透過呼吸把能量帶到身體所有不適的地方，讓每個部位得到放鬆、軟化與溫暖，所有的壓力、不適與疼痛隨著吐氣送出體外。」

「把你的注意力轉向身體，感受身體有哪裡不適。從頭部開始，透過呼吸為你送進溫暖的能量，解除所有感受到的緊張與疼痛。繼續呼吸，注意力轉到你的頸部、你的雙肩，感受哪裡還有壓力與不適，讓溫暖的能量緩緩流過。」

「將你的注意力轉向背部，沿著每一節脊柱下行到尾骨，若有感受到任何的不適和舒適，純然地接受與擁抱。再將你的注意力轉向胸部和腹部，以超然的感覺感應哪裡還有緊張、疲倦或負面的情緒。」

「將治癒的能量吸進，不適的感覺會得到緩解，然後吐氣，隨著深沉平和的呼吸，注意力轉向你的雙手與雙腳，一直到你的手掌與腳趾，感覺哪裡還有任何緊張疼痛，不讚美也不責備，接受它們的任何不安與不滿，吸氣送進溫暖的能量，吐氣帶走不安的感覺。」

「就這樣審視你身體的感覺，以不批評、不判斷的超然態度探索，檢視身體一直以來積存的不適與焦慮，以呼吸進行療癒，因而讓你跟自己的身體重新認識，你越來越能傾聽你的身體，感受到它的需要與想要傳達的訊息。你的身體是你最長久的朋友，是你最能信賴的伙伴。」

治療師讓我安住在這感覺上，給我充裕的時間跟身體溝通。

「感覺怎麼樣？」心理治療師輕聲問我。

「我感到全身無比放鬆，好像剛才進行一趟身體旅行，探訪了身體的每個部位，跟每個細胞逐一打招呼問好。我發現自己跟身體原來這麼疏離，現在我重新認識它們，重新關心並聆聽它們。」我把這奇妙的感覺說出來。

「很好，你做得非常好，繼續以不批評的態度，重新跟身體建立友好的關係。」心理治療師鼓勵說。

二、正念意象法

*可參考附錄「聲音導航」QRcode鍾灼輝博士與趙安安博士的示範

「完成『內觀放鬆法』後，你可以接著進行『正念意象法』。正念思維的概念其實源於東方的哲學禪修，近年來在西方受到極度重視，更發展成心理治療的一股新興力量。以正念思考，就是學習以不批判的態度觀看事物，完整覺醒地活在當下。在日常生活中，身心常處於分裂狀態，身體在這裡，心思卻迷失在過去和現在，可能被憤怒、仇恨、嫉妒或焦慮情緒所控制。

『正念意象法』能有效讓人脫離過去不愉快的記憶，或是對未來的擔憂，回到現今當下。透過不同主題的意象觀想，重新塑造人的五官五感，在除去頑固的情緒與固執的迷思後，以全新的感官再一次體驗生活的美好感覺。」心理治療師解釋。

「現在放鬆你的思想，放下過去的回憶，放下未來的擔憂，感受每一次的呼吸，讓思想回到每一秒的當下。再次放鬆你的內心，你的內心自由而空曠，在一呼一吸間得到了平靜。將你的注意力轉到內心，感受哪裡還有憤怒與鬱悶的情緒，你接受這些可能出現的負面情緒，藉著呼吸將它們送走。你以超然平和的意識注意你的呼吸，將心中產生的一切負面情緒、討厭的想法，隨著呼吸一同吐出。

再次呼吸，你的內心感到寧靜與和諧，就像一片沒有漣漪的湖泊一樣。你現在感到身心安全、舒適、放鬆，重新尋回一顆清明的平常心。

將注意力轉向你的眼睛，深深的呼吸，溫暖的能量緩緩流過你雙眼，把你的眼睛重新洗刷乾淨，讓你擁有清晰明亮的視野，能以新的高度及寬度看清事物的本質。將注意力轉向你的耳朵，再次的呼吸，能量流過你雙耳，讓你的聽覺恢復聰慧敏感，能再次傾聽內心與大自然的呼喚。再將你的注意力轉向鼻子，吸氣時清新的空氣幫助你清洗汙濁的呼吸道，吐氣時將所有積存的穢氣排出，讓你尋回天賦無染的嗅覺，能追蹤天地純然的原始氣味。

注意力轉到嘴巴，一呼一吸間，新鮮的空氣替你沖刷潔淨舌上的味蕾，讓你味覺恢復清爽敏銳，能再次品嘗生活，品味人生。最後將注意力轉向你的皮膚，感受皮膚上的溫暖空氣，讓你重新尋回細緻透明的觸感，能再次感受人間冷暖，體驗天地有情。

你現在帶著一顆清明的心，換上新的五官五感活在當下，以無條件的美去感悟內心與外在，與真實的自己相知相遇。」心理治療師完成正念認知的練習部分。

我感覺自己的五官好像被洗滌過，清新的五感頓時開啟。

「以下是一些意象主題的加強練習，每個人可按自己的喜好與需要隨意更改。」心理治療師把其中一個常用的海灘主題用作參考示範。

「現在想像一個場所，在那裡你能感到安全、平靜、放鬆，這個場所可以是真實的，也可以是虛構的；可以是室內，也可以是戶外；可以是你曾到過的地方，也可以是你一直想去的地方。這地方讓你感覺很好，讓你心情輕鬆、愉快。

這個地方在你心中無比真實，想像你已進入這個地方，這是一個海灘。用你的眼睛看清四周的景色，將自己的目光浸透到每一個細節中。抬頭向上，你看到蔚藍的天空，如棉花般柔軟的白雲在天上飄著，慢慢在流動。看看你的前方，你看到一望無際的海洋，海水清澈透明，小魚在水裡追逐嬉戲，你眼睛看到的都是燦爛繽紛的色彩。

聽聽這裡的聲音，風吹過樹葉沙沙作響，潮水淌過岩石，海浪拍打海岸，還有小鳥悅耳的鳴聲，只要你耳朵能享受的聲音，都能在這裡聽到。忽然一陣清風吹來，輕拂在你的臉龐上，你感到無比清涼舒服，你的皮膚一邊享受太陽的溫暖，一面享受微風的清涼。你深深地吸一口氣，聞到遠處傳來的花香，當中還夾雜著草莓的香甜，與海洋刺鼻的鹹味。

你赤著雙腳踏在細滑的沙灘上，沿著海岸線輕鬆散步。海水傳來醒腦的冰涼，讓你感到神清氣爽。你看著日緩西沉，金黃色的晚霞映照著豔紅的夕陽，一幅如詩的美景呈現在眼前，訴說著生命的美麗。此時此刻，你能身處此地，心裡充滿無限感激與感恩，你再一次感受到外在的美麗，感受到內心的寧靜與快樂。」

心理治療師請我再次張開雙眼，完成了意象認知法的示範。

「你每天試著練習這『內觀放鬆』與『意象認知法』，可幫助你學習轉念，重新觀看世界，重新感受身邊事物。即使身體殘缺，你仍然可以感受生活的美好，只要你能走出絕望的黑暗，你便會發現燦爛的陽光，色彩繽紛的世界。」心理治療師說。

「就像剛才在沙灘的感覺一樣。」我回答。

「記著，憂鬱症的最好預防方法，是時時刻刻跟大自然、跟自己內心親近，保持一顆清明的平常心。」心理治療師最後囑咐我。

「謝謝你，心理心理治療師！」我跟心理治療師告別。

我遵從治療師的指示，在每天早上進行了內觀放鬆及正念意象練習，只花了大約兩個星期的時間，我的憂鬱症就出現了顯著的改善。

第十二章　痛症治療師

痛症治療師的房間在走廊左邊的第三間房間，房門上寫著「痛症室」。按照慣例我輕輕敲門，等待門梁上的綠燈亮起後推門進去。痛症室的大小跟我的臥房差不多，房間擺設也極為相似，靠窗戶旁有一張小桌子，上面放了泡茶用的器具；牆上木製的書架，放了兩排與生活藝術有關的圖書。房間的中央是空的，故意保留著相當的活動空間，因為當中放了兩張寬大的椅子，而且是有輪子的座椅，原來是輪椅！

痛症治療師身形瘦削，頭髮有點淩亂蓬鬆，鬍子像是有一段時間沒有好好刮過。痛症治療師的裝扮十分隨意，剛好跟心理治療師形成強烈的對比。他坐在輪椅上的樣子，簡直就是一個典型的長期患者。

「難道痛症治療師也是一名殘障人士？」我心裡想。

「請過來坐吧。」痛症師並沒有從輪椅上站起來。

「你好，我是一名長期痛症患者。幾個月前，我得了一個複雜、罕見的病症，疾病的最大病徵就是極度痛楚，而且這不是普通的疼痛，而是吃下強力止痛藥後仍痛楚難耐。除非我能把病治癒，否則別妄想痛楚會減退或消失。

雖然最近我已重拾信心，並走出了心靈殘障的陰霾。我相信最終可把這腳傷頑疾治癒，但是，恐怕在可見的將來，這痛楚還會持續好一段日子。所以，我必須盡快找個有效方法處理這疼痛，這樣才可專心治療我的頑疾。」我道明了來意。

痛在身

「你知道，什麼是痛嗎？」痛症師問我。

不待我回答，痛症師就開始解講何為痛楚：「痛，是一種不適的身體感覺，同樣也是一種難忍的心理感受。不管是源於身體或心理，痛楚都能極度吸引人的注意力，嚴重影響我們的健康與生活。人對於痛楚的害怕，有時候比死亡來得更甚。」

「人生本來就是充滿各式各樣的苦痛。所以，無論我願意與否，痛楚也會如影般跟隨我一輩子。」我說著，這正是我從瀕死經驗中，明白到的一個事實。

「既然人擺脱不了痛，那倒不如好好看清痛的真面目。因為真正的痛，跟你所知道、所想的，並不一樣。」痛症師説著。

「那麼，痛到底算不算是病？」

現今醫學和社會普遍把痛楚看待成一種疾病，如疼痛持續出現三個月或以上，便可被判斷為患上長期痛症。較常見的長期痛症包括有頭痛、關節痛、神經痛及肌肉痛等，痛感可以有不同的表現，如像針刺、火燒、刀割、痠痲或腫脹。」

「自從意外發生後，我的右腳踝關節開始枯竭壞死。骨枯的最大病徵就是疼痛，痛感有時像針刺，有時如刀割，而且不是一般的痛，是一種難以忍受的痛。不幸的是，腳踝是承受全身重量最重要的支點，沉重的壓力加速了病情的惡化，同時還增加了我的痛楚。這痛楚已經持續了好幾個月，而且強度與頻率正不斷增加，它有時候就像是變成了我的呼吸與心跳，時時刻刻提醒著我。」我沮喪的説。

「從醫學角度，痛楚是有明確的生理機制可追尋及解釋的。當身體受到傷害時，受傷部位的神經細胞便會釋出大量信號，訊號經由脊椎傳送到大腦，再分析信號的感受類別與程度，從而感到痛楚並作出行為反應。大腦把反映疼痛的信號傳送到脊椎內的脊髓背角，這裡是主要控制疼痛訊息發放的地方，也是眾多神經的交錯會集處。」痛症師向我展示一幅複雜的脊髓神經圖。

「那麼，罹患長期痛症的人多嗎？」

「根據資料顯示，大約百分之十至十五的人患有長期疼痛，當中七成患者更表示疼痛對日常生活、社交及工作能力構成嚴重負面影響。同一時間，長期痛症患者容易出現疲倦乏力、自我隔離、無助無望等憂鬱徵狀，可說是憂鬱症的高危族群。所以痛是心理也是身體的重大問題。」

我回想起自己患上憂鬱症的其中一個組成元素，就是來自身體上的疼痛與不便。

「雖然我已經走出了憂鬱症，但是痛楚卻成了我現實生活中最大敵人，對於日常生活，構成了嚴重的負面影響，令我不能集中精神做任何事情。為了減低痛楚對日常生活的影響，以及對情緒帶來的不穩定，我每天只好服用大量的止痛藥。」我無奈地說。

「其實，痛楚只是一份感覺認知，性質沒有好壞之分。它的作用是提升人類的生存效能。痛可以說是一種危險的提示，例如身體受到創傷時，患處便會立刻釋出大量痛楚感覺，告訴我們趕快逃離產生危險的源頭。這可以說是一種與生俱來的保護警示裝置，以條件反射形式自動導航運作，是一項快速而有效的保命本能。

另外，痛楚亦可發自內心，是潛意識的重要訊息載體，告訴你內心正受到傷害，向你表達內心所面對的矛盾與困擾。潛意識透過傷痛來宣洩失去、愧疚、及哀傷等負面情緒，排解內心積存的巨大壓力。這時候，痛感就像一種自我保護機制，以身體不適迫使患者作出心理又或是生活上的調整，如果患者對這些訊號視若無睹，痛症更有可能發展成各種難纏惡疾，以引起人的注意。」痛症師解釋。

「所以，痛的存在本質，並沒有好或壞，而是像疾病與夢境一樣，都是潛意識的訊息載體。」我說。

「你說得沒錯。一些專門研究痛症的報告都指出，出現在身體不同部位的疼痛，各自有其相關性的心理象徵。例如眼部的疼痛，可能代表了患者不想看到某些人事物，又或是一種想要逃避過去或現在的身心反應。耳朵的疼痛，代表了患者害怕聽到某些説話，特別是別人的批評或惡意中傷。喉嚨的疼痛，則代表患者表達出現障礙，感到憤怒或受到委屈。至於關節的疼痛，可以是適應力薄弱的表現，代表患者個性固執掘強，害怕屈服或妥協。」痛症師列舉出一些心因性疼痛例子。

「那麼，我相信我右腳踝關節的劇痛，除了是因為骨骼缺血性壞死外，也代表了我對於即將失去自由的恐懼，及反映了我不服輸的倔強個性。」我坦白地承認。

痛在心

「為什麼痛具有如此巨大的威力與影響？」我不解地問。

「因為，痛不僅僅只是來自你的身體，還有一大部分，是源於你的內心。」

「那麼，我內心的傷痛是什麼？」我一臉茫然地問。

「其實，人生中的生離死別，得失榮辱，或是失去至親至愛，都會造成內心難以磨滅的傷痛。這些傷痛就如夢魘一樣，可能會一輩子抓著你不放。」痛症師說。

「現在，讓我把你帶進你的心房，你好好看清楚內心的疼痛是什麼。」

突然，一個白色的螢幕出現在我面前，就像電影院裡的銀幕一樣。

「你要集中精神看著這個螢幕，用心感受腳踝關節帶給你的痛楚，從骨骼深處滲透出來的疼痛，痛經過中樞神經傳到你的大腦，慢慢發揮作用，發揮它的影響力⋯⋯」痛症師一邊引導我，一邊說著。

突然間，我感受到內心深處發出的隱隱陣痛。我看到螢幕亮起來了，好像是在播放著什麼似的。

「你留心看著螢幕，看看有沒有你認識的人，或是熟悉的地方？」

我看到了我自己，螢幕上正在播放著我受傷前的生活片段。螢幕分裂成多個不同的小畫面，每個都在播放著不同時候的我，就像在時間之流所看到的景象。但與之不同的是，所有畫面都是我渴望康復後，能做回的自己。

在其中一個畫面裡，我看到穿著專業潛水衣的我，在珊瑚群中來回穿梭，一面欣賞海底美景，一面跟魚兒追逐玩耍。另一個我，站在白茫茫的雪山峰上，穿著一襲簇新的時尚滑雪服，戴著反光太陽眼鏡，從雪道中央，風馳電掣地俯衝下來。還有重回學生時代的我，雙腿有力地背著大背包走路，在歐洲大街小巷穿梭遊歷，趕著最後的末班火車，探索未知的新國度。除此之外還有一些浪漫的片段，跟從前的女朋友，手牽手並肩漫步，走過沙灘看日落，爬過山峰看日出。還有更多更多⋯⋯。

「你看到了嗎？你一直在眷戀著從前的生活，懷念那個健康健全的自己。你的過去，在此刻變成內心的傷痛，變成你現在生活的包袱。」

「我一直放不下能夠以雙腳行走的過去，我總覺得那才是我人生的高峰，最美好的生活時刻。那個擁有健全雙腿的我，才是我唯一欣賞認同的自己。」我坦白地承認。

「你身體的痛楚，跟內心的傷痛正緊緊地綑綁在一起，每當你感到右腳的疼痛，便會自動觸痛起你內心的神經。」

痛症師說出了身心如何互相影響，並讓痛感迅速倍大。

「還有，你刻意把自己保留在過去，以確保現在的你，仍然是從前的你。但是，你抓緊的，卻不是過去美好的回憶，而是一份留在虛擬過去的傷痛。」

一時之間，我無言以對，心裡一陣酸楚。我其實非常留戀過去的自己，懷念過去的生活。

「現在，該是放手的時候了，放下過去的你，放過現在的你。」

「我明白了，我必須擺脫過去的自己、過去的生活。」

痛定思痛

「過去你，總是把痛跟負面情緒、不愉快經歷綑綁在一起，讓痛的勢力日漸強大，更形成了一個影響深遠的痛症網絡。」痛症師說。

「所以痛症也如憂鬱症一樣，有自己的思維與記憶，都是以相同的原理在身心運作著。」我說。

「痛，有時候是個討厭的小孩，不斷地在你身邊四周徘徊吵鬧，為的就是要引起你注意。痛，有時候是個小惡霸，不停地製造滋擾，佔據你的生活空間，為的是要，奪去你所有的時間與享樂。一旦，你把焦點投放到痛身上，你便變得開始在意痛的一舉一動，最終忽略了生活中所有美好的事物。你的注意力，是它的成長養份，你的抗爭逃避，是它的力量泉源，而你的慣性思維反應，更會令它牢不可破。」

「你說得沒錯。很多時候，痛楚只是源於我腳踝的一個細小敏感部位。但卻不知為何，會迅速擴散成一團痛感，使我渾身不舒適。」我回應著。

「一個痛念，可以輕易形成一個疼痛漩渦，把人牢牢的綑綁在其思維與記憶裡，讓你的天空只看見疼痛。痛楚，一方面侵蝕著你的意志與信念，一方面製造害怕、散播無奈，迫使你投降放棄，最後，讓你踏上孤獨絕望的死胡同。」

「那麼，我要怎樣才可脫離這種病態的痛症思維？」

「只要把痛楚跟你日常生活的自動連線切斷。」痛症師爽快地回答。

痛症師請我再一次地注意看著螢幕。這一次，螢幕顯示的是我意外後的生活片段。

第一個出現的畫面，是我經常去的咖啡館。我一面看書，一面喝咖啡，樣子看起來還滿享受的。突然間，有一團黑影出現在我腳下，黑影就如我的影子般，從地底無聲地爬了上來，它手裡像拿著什麼尖銳的東西，突然往我的右腳踝刺了幾下。本來看書看得入神的我，霎時皺起了眉頭，喝了一口咖啡，繼續回到書本上，但是黑影並沒有因此罷手，它在我身旁不停地來回晃動，我雖看不到它，卻能感覺到它的干擾。最後，我沒法專心閱讀，只好放棄，鬱悶地喝著咖啡。

現在回想起來，這樣的情境，的確在日常生活中發生過許多次，而且不只是在看書的時候，連在看電影或聽音樂時，也偶爾發生過。就像是有什麼東西，讓我不能專注，不停地在身旁騷擾我。原來那看不見的黑影，就是痛楚。

鏡頭一轉，出現在我面前的是一桌美味的食物，有我所喜愛的西班牙黑毛豬風乾火腿、法國貝隆生蠔、神戶炭燒和牛、藍鰭金槍魚腩等等。我非常陶醉地在享受著人間美食。正當我吃得津津有味時，那團黑影又不知從哪裡冒了出來，它竟然在我的食物上添加了各種辛辣苦澀的調料，把原來的味道徹底污染了，令得我頓時胃口大減，平白浪費了一桌美味食物。

第三個畫面，是我跟朋友把酒言歡的情境。有時候，朋友擔心我無法走動會感到無聊，都會特地跑來跟我聚會聊天，笑談大家平常發生的趣事瑣事。從前我，總是說話最多的一個，喋喋不休地分享我的精采故事。如今，我的生活彷佛停頓了下來，只好安靜地做個傾聽者。這一天，黑影又不請自來，它把我推上講台，讓我變成了席上的主角，我站起來高談闊論著自己精采的過去，只是沒有人聽見我在說話。我生氣得把手上的酒杯也打翻了，令場面弄得十分尷尬，最後我只好先行黯然離開。

最後的畫面，是一個寧靜的夜晚，我安詳地平躺在床上正在熟睡，由於腳踝的水腫難消，每晚睡覺時，我都要把腳墊高以幫助舒緩腫脹。此刻，我的眼球快速地轉動著，嘴角牽起一絲微笑，應該正在做著一個甜美的夢。此時，黑影從床上悄悄地起來，看見我睡得好夢正酣，它感到十分不滿。它先是輕拍著我，看我毫無反應，便惱羞成怒地翻動我的身體，我的腳踝因突如其來的扭動而感到強烈刺痛，瞬間我從睡夢中驚醒過來，冒了一身冷汗，陣陣的痠痛讓我徹夜難眠，我只好輾轉反側直到天亮。

最後，螢幕變成了一片空白。

第十三章　催眠止痛治療

我開始逐一地回顧，在潛意識裡跟痛楚自動連線的日常生活片段。

我看到了自己因為腳患而引起的種種難堪場景。就連簡單的生活小事，也需別人協助，感覺自己活得像一個廢人，成為別人的負擔。原來，我的感官已經不知不覺地被蒙蔽污染，我覺得自己只看到一雙雙煩厭的眼睛、一張張鄙視的嘴臉；只聽到一聲聲的譏笑，竊竊私語的冷嘲熱諷；只觸摸到一雙雙讓我深感自卑的援手，嘗到陣陣的酸溜與憂傷。我聞到了內心正在焚燒的憤怒氣息。

劃破痛症思維

「剛才的畫面，都是你對痛楚的關聯影像，你還想要繼續看嗎？」痛症師問我。

「不用了。我一直努力去忽略痛的存在，總是背對它，或是對它視而不見。但是，當我越希望擺脱它，它反而把我抓得更緊，它就如夢魘般，時時刻刻提醒著它的存在，如影隨形，片刻不離我的左右。」

「情形就如同你刻意不去想某件事情，結果卻變成了無時無刻記掛著它。」

我無奈地點點頭。「痛已被我列為生命中頭號的不受歡迎人物，心底對它恨之入骨。」

「你有否發現，當痛出現時，它並不是單獨前來，而是帶著你過去的負面經驗結伴同來，所以它的影響力才會如此巨大。」

「這可算是另類的團結力量吧。」我苦笑著説。

「此外，痛楚正在涉足你生活中的每個範疇。從行住坐臥，到飲食起居，它已經牢牢地寄生在你生活中的每個環節。所以，痛不只帶給你身體上的不適，更重要的是，剝奪了你享受生活的權利。你的生命質素，因為它的突然出現而急速地下降，你的焦點，從原來喜歡的東西，瞬間轉移到它身上，你變得在意它的一舉一動，最後卻忽略了原本美好的事物。」

「我懂了，不管我怎樣努力，還是躲不過痛的。與其浪費氣力，倒不如坦然接受它的存在，既不喜歡也不憎恨討厭它。」我開始明白痛症師的用意。

「其實，痛並沒有你想像的可怕，只要你能看清痛的真實本質，試著不要去討厭它，你或許會發現它也有可愛的一面。」

「你平常不是也很喜歡烹調食物嗎？」痛症師突然這樣地問我。

「是啊。只是在意外之後，我都沒有再進廚房了。」我對從前所有喜歡的事情都再也提不起勁。

「你還記得做沙拉時，你是怎樣調配意大利油醋汁嗎？」痛症師像是知道那是我最喜歡的沙拉醬汁。

「先把橄欖油倒出，再加入紅酒醋、些微的檸檬汁、洋蔥碎、番茄、及少許黑胡椒。橄欖油跟紅酒醋是當中的主要材料，所以比例必須準確掌握，三份油，再加入一份醋。」我在回想意大利油醋汁的製作過程。

「只有這樣的搭配比例，才能把橄欖油的油膩感覺，跟酒醋的酸味柔順調和，將兩者促成和諧一體，製造出對比，卻不衝突的美味口感。」痛症師彷彿在暗示著我什麼似的。

「我想，我懂你的意思了。烹調時，不同的味道元素，需要互相搭配，不可能只偏好某一種單一味道，否則菜式就會變得單調乏味了。」

「百味人生，眾口難調。」痛症師有感而發地說。

「所以，人生的甜跟苦，是可以和諧並存的。」我回應說著。

「或許是你的完美主義性格，讓你把痛楚跟美好連在一起，並將兩者劃分成同一維度的兩個極端。其實，痛楚與生活美好的感覺，是可以和平共存的。兩者並不是此消彼長的關係，也不是互相替代的競爭對手。」

痛症師在空中劃下兩條平行線，分別代表了人生的兩道味道：痛苦與美好。

「痛苦的存在，正好是提醒你要珍惜生活的美好。因為痛不但不能剝奪你的快樂，反而讓你更能體會快樂，把美好的感覺相對放大了。」痛症師說。

「就像在西瓜上灑上鹽巴，鹽的咸味反而把西瓜的甜味提升了。」我補充說。

「這只是一念之差，看你的生活焦點，到底是放在痛苦或美好事物之上。只有好好接受痛，才能學會與痛並行共存，甚至帶著痛，安然地享受美好人生。」

「我明白了，我會嘗試與痛同行、與痛和平共處，而非想盡辦法去消滅或抑壓它。」

「現在，該是時候，把生活記憶跟痛楚的種種連線一一切斷。」痛症師指示我。

「我知道自己該怎麼做了。」我以手中的利刃，在空中輕輕一劃，把在潛意識裡的透明連線逐一劃破，整個痛症思維網絡瞬間被戳穿瓦解。我頓時感到腦袋的重量變輕了，心裡舒吐出一口長長的悶氣。

這就如同一場，跟身心痛楚重要的告別儀式。

偽藥安慰效應

打破痛症思維後，接著我要向痛症師請教，鎮痛的治療方法。

一般處理痛楚，最快捷的方法是服食止痛藥，簡單而直接。這對於急性創傷或手術後，所引起的疼痛有顯著效用。但是，很多慢性疾病，如慢性炎症、感染、各類癌症、慢性組織懷死或關節退化等，都會令神經細胞持續發出痛楚訊號，造成慢性痛症。有些神經創傷，即使復原後，神經也可能變得異常敏感，從而造成長期疼痛困擾。

面對長期痛症，止痛藥即使能發揮短暫效用，長期服食或會令人依賴成癮，並對內臟器官造成不同程度的損害。至於其他的生理止痛法，如注射麻醉藥以阻斷神經訊號傳遞，或神經切斷手術等，同樣只是治標不治本的鴕鳥對策，更非對於所有痛症或所有患者都有效。長期服用止痛藥，只會像吸毒般依賴成癮，

「我為了減低痛楚的影響與煎熬，已經養成了長期服用止痛藥的習慣。只是，

腳痛的情況，卻沒有絲毫改善。」

「很多時候，患者對於止痛藥的需求，是源於心理需要，遠大於實質的身體需要。這樣的心理需要，其實是由負面思想及恐懼造成的虛假需求，情況就如同出門或上課之前，突然急需要上洗手間一樣。」

「也許你說得對，我只要發現腳痛可能出現的蛛絲馬跡，便立刻服食強力的止痛藥以防萬一，其實我根本就沒有感到痛楚難當。隨著止痛藥越吃越多、越吃越強，我的肝臟與腎臟功能指數，都相繼超出標準。」我想起了最近的血液檢查報告。

「以你腳踝的慢性壞死情況，康復將是一個十分漫長的過程，吃止痛藥可能只會越吃越痛，絕對是治標不治本的方法。」痛症師說。

「那麼，還有什麼比止痛藥更有效的鎮痛方法嗎？除了西醫外，我曾嘗試找中醫及物理治療師幫忙處理我的長期痛症，但是，所有人都表示束手無策。」

「你必須成為自己的痛症治療師，停止對止痛藥的依賴。或許，你可以使用催眠止痛的方法，這是一種極其安全有效的心理安慰劑（Placebo effect）。」

「催眠止痛？」我確認似的問痛症師。

「有些患者因為對麻醉藥物敏感，只能使用非藥理性的止痛方法，催眠就是一個值得考慮的不錯選擇。在美國，催眠就被廣泛應用在婦產科及牙科的手術過程中，並有許多催眠止痛的成功案例。」

「我曾看過舞臺上的催眠表演，當人進入深度催眠時，即使催眠師用針去刺受術者的身體，對方竟可以絲毫沒有感覺。」我回想著。

「催眠確實是可以提高受術者的忍痛能力。這是因為，身體的疼痛訊息，被受術者的潛意識否定了。也就是說，身體的感覺，是可以由我們的想法來決定的，當中也包括了痛與不痛的感覺。」

「所以，我們可以透過催眠，引導出各種錯覺或能力，甚至創造出自己想看到、感受到的『真實』世界。」我驚訝地說。

「這並不是催眠的神奇力量，而是潛意識所具有的超強心靈力量。」

痛症師繼續說著，「一般的止痛藥物，只是暫時切斷了神經傳遞痛苦的感覺，因為大腦沒有接受到痛的訊息，所以患者當然不會感到疼痛。透過催眠，你可以對身體給予無實質藥效的止痛暗示，並藉著心理暗示，影響大腦神經活動，製造出比止痛藥更強大的鎮痛效果。」

「就像是偽藥製造出來的安慰劑效應嗎？」我問。

痛症師點頭同意。「心理安慰劑，可算是一種違反科學與醫學原理的奇異現象，曾被視為心理學上的一大不解之謎。雖然患者只接受了毫無治療藥效的替代劑，那些往往只是普通的維生素或葡萄糖，但是，病人基於全然地『相信』並『預期』偽藥的效用，竟然可在身體裡製造出與真實藥物類似的治療效果。現今，安慰劑效應已被現代醫學證明是確實存在的心理生物學現象，而且所有新研發藥物必須通過臨床的安慰劑對照測試，方能獲得認可。」

「或許，心理安慰劑就是我正在尋找的最佳止痛藥替代品。」我說。

催眠止痛暗示

痛症師開始對我進行催眠止痛治療。

「先讓自己的雙眼輕輕閉起，把身體調整到一個舒適的位置，然後深呼吸三次，讓身心放鬆，Relax……Relax……Relax……

把你的呼吸盡量放慢，讓呼吸盡量深沉。徹底地深深吸氣，一直將新鮮的空氣吸進小腹的丹田位置，然後再徹底地吐氣，把所有廢氣從身上吐走。再次深深吸氣，讓你感到舒適飽滿。再次徹底吐氣，讓你感覺放鬆自在。

首先放鬆你的身體，從頭到腳逐一解除你對身體的控制，讓身體放鬆，如海綿般輕盈自在，恢復原來的彈性。隨著每一次的呼吸，身體逐漸放鬆。呼吸，頭部放鬆，五官放鬆，腦袋放鬆，整個頭部都鬆開來了。

呼吸，身體放鬆，頸部、胸部、腹部、背部跟著放鬆，整個身體都放鬆軟化。呼吸，四肢放鬆，肩頸、雙臂、雙手放鬆；大腿、膝蓋、小腿、腳掌放鬆，四肢都徹底地放鬆。

呼吸，全身的皮膚與肌肉完全放鬆，全身每根毛髮，每道毛孔都徹底放鬆。再呼吸，全身的器官與內臟都跟著放鬆，放鬆的感覺延伸進身體內部，每個細胞都完全放鬆，如棉花般輕柔輕鬆。

你的身體進入一個極度鬆弛的狀態，徹底地從上到下、由外至內得到了放鬆。記著這種放鬆的感覺，在整個過程中，保持這身心放鬆的狀態。」

「現在，集中精神感受一下你身體，用心尋找疼痛的根源部位，痛到底在身體那裡出現？」痛症師問我。

「我感到陣陣的刺痛從右腳傳來。」我回答。

「我明白了。你尋找一下痛是來自右腳的那個部位？」痛症師再問。

「大概是右腳踝的位置。」

「你再用心感受，是右腳踝的上半部份或是下半部份？」痛症師繼續追問。

「是來自上半部份的。」

「那到底是上半部份的前面或是後面？」

我停頓了一會，努力去感受，「是在靠近後面腳跟的位置。」

「最後，你再判斷一下，是後面位置的左邊，還是右邊？」

「右邊。」我清楚地回答。

「你做得很好。我們已經成功找到痛的根源部位置，那是來自右腳踝上半部，靠近後面腳跟的右邊位置。痛楚就只是來自那個微小的部位，一個彷如米粒般大小的地方。」催眠師像是跟我確認似地說。

「對的，痛就是在那極微小的位置上。」我回應說。

「而且，痛就只局限在那極微小的地方，既不能離開那裡，也不會影響到身體的其他部位。」

「痛就只能局限在那位置。」我贊同地說。

「現在，我會在為你疼痛的部位，塗上天然的強力鎮痛藥水，你將會感到一陣舒服冰涼的感覺。」

痛症師說完後，把一些透明液體塗抹在我右腳踝的痛點上。

我馬上感到一陣涼快的感覺從痛點那處傳來，並且迅速擴散到整個腳踝。

痛症師繼續說著，「這份舒服冰涼的感覺，會麻痺你腳踝的痛感神經，你感到刺痛的感覺正慢慢減退，逐漸地舒緩，你的痛感變得越來越小、越來越輕。痛感就像顏色一樣，由深變淺、由濃變薄，最後變成看不見的透明，完全消失。」

我像是看見一粒如米般大小的黑點，出現在痛楚的位置上，黑色的米粒逐漸縮小並褪色，最後從腳踝上完全消失，所有的刺痛或麻痹的感覺都不見了。

同一時間，痛症師點燃起沉香木。

我聞到了一股芬芳怡人的清香，這香味滲入鼻息，直透大腦。千絲萬縷的香氣，在腦中盤旋纏繞每條神經，環圍包覆了腦裡所有的感覺與思緒。時間像是瞬間靜止了，空氣不再流動，所有的思想都凝住了。

痛症師說，「香氣會帶走你腦海中所有的痛感與痛念。當香消煙散後，你會感到一切豁然開朗，身體與內心再次回復平靜。無念起念念，不為念念縛。」

「現在，帶著這份無痛無念的感覺，再次返回現實的世界，現實的身體。我數三下之後，再次張開眼睛，一、二、三。」

我再次張開眼睛，痛症師已經不再了，我右腳踝的疼痛亦神奇地消失了。

「謝謝你！痛症師。」我在心裡默默地道謝。

自此以後，每當我感到疼痛難忍，便會自行施以催眠止痛療法。我會因應身體狀況與外在環境，採用不同的止痛暗示。可以是陽光、清風、溫泉、止痛藥水、或麻醉氣體等，以信念與預期製造出強大的心理安慰劑，使痛楚得到有效控制。

我的長期痛症雖然沒有立刻消失，一直陪伴著我，直到腳完全康復為止，但是，它已經從一位整天嘮叨的老人，變成一位安靜的室友。它不再整天打擾我的生活，我也再聽不到它所發出的滋擾，看不見那團如影隨形的黑影。

更奇妙的是，我對止痛藥的需求大大減低了。我發現自己對止痛藥的心理需要，遠比實質性需要還高。就像你討厭一個人，在他還未出現前，你已經開始產生預期的厭惡感，既抗拒又害怕他的出現，即使他人還沒到，自己心情先變糟。當他真的出現了，即使他什麼也沒做，光是他的存在，就已經讓人感到面目可憎，甚至影響食慾，帶著他到處走更覺得丟人現眼。

當看清痛的本質與真實面貌後，我明白到，痛就像生命中的不完美，正因為有不完美的存在，反而把完美，更加璀璨地映照出來。

在進行催眠止痛治療後的一個月，我再也沒有吃過一顆止痛藥了，因為我已經找到更有效、更天然的心靈特效止痛藥。

個案參考　壓力性偏頭痛

我曾經遇過一個長期痛症的個案，患者是一名職業女性，她長期患有嚴重的偏頭痛。她的偏頭痛主要是由壓力引致，但剛好她又是一個抗壓性非常低的人，不論是工作或家庭瑣事，只要讓她感到一丁點的壓力，偏頭痛這老毛病便會發作。為了不影響工作與家庭，只要一發現頭痛的蛛絲馬跡，便立刻服用止痛藥以防萬一，她長期服用止痛藥已有二十年之久。

然而，多年的藥物治療，不但對她的偏頭痛沒有絲毫改善，她的止痛藥更越吃越多、越吃越強，她的肝、腎健康指數，已經出現了嚴重超標跡象。在為她所進行的痛症治療中，我一方面以催眠替她進行催眠鎮痛治療，在她的潛意識層面給予止痛暗示，用光及香氣，舒解痛楚的感覺。

另一方面，我以正念認知療法，教導她如何管理壓力及痛楚。最重要的是，讓她學會跟壓力與痛楚共存，因為兩者都是她生活的一部分，並不是什麼可怕的洪水猛獸。到療程尾聲，她終於得以擺脫長期痛症的煎熬，不再把痛跟其餘的生活綑綁在一起，不再視『痛』為所有身體感覺的唯一焦點。當她開始放棄把痛列為快樂的頭號敵人後，偏頭痛的感覺反而減少了，壓力的困擾也得到有效處理，心情比從前平靜了許多。

前世腰痛

在另一個個案，患者是一名長期腰痛的退休男士，他的腰痛在十年前的一次意外受傷後出現，那次意外根本沒有傷及他的腰部，醫院幾年來替他做了大大小小幾十項的檢查化驗，但完全找不到任何受傷的跡象，也查不出引起痛楚的原因，但這一痛便持續了十年。他不想單靠止痛藥過活，到處訪尋另類名醫，但效果皆不顯顯著，花費了大部分的退休金在治療上，生活品質亦隨之下降。

我在一次替他做催眠治療時，他說看見了前世記憶，看見自己曾是一名士兵，在戰場上被敵方射殺了，而中彈的地方剛好是他的腰背，這恰好解釋了他長期腰痛的原因。暫且不論這是真的前世回憶，或只是潛意識對現實痛楚的另類投射，這痛症對他來說，是永遠治不好的。

於是，我替他做了另一次催眠治療，我帶了一位醫術高明的外科醫生，回到他受傷的時空，醫生在潛意識裡替他拔掉彈頭，並且進行適當的治療包紮。催眠治療後，他感到前世所遺留下的創傷，終於被治好了，他終於可以擺脫這前世的夢魘了。再配合正念認知治療，結果他的腰痛於一個月時間完全消失了。」之後，我再替他進行正念認知治療，讓他學習如何與痛同行，並在痛的陪伴下，好好享受生活中的美好事情。結果，他的長期腰痛於一個月時間後，便完全消失了。

第十四章　療癒的心

醫病者的結合

這一天，我特意來向智慧老人道謝。如果不是因為遇見了他，我根本不知道，自己的潛意識裡，有這麼一個強大的心理療癒團隊。

我閉起雙眼，放鬆呼吸，感受溫暖的陽光灑向我的臉龐。當我再次張開眼睛時，智慧老人已經坐在我身旁的長椅上，跟我一起享受午後的陽光。

「看來你已經擁有自由進出潛意識的能力了。」智慧老人滿意地說。

「這裡不都是我的世界嗎？」我笑著回應著。

「看來，你的心已經完全治好了。」智慧老人望著我心臟的位置說。

「一直以來，我都以為自己是一名專業的心理治療師，絕對不會患上心理疾病。直至遇到這次意外，我才發現，自己從來沒有當過一位真正的治療師，從前盲目自信的治療師，已經隨著這場意外死去了。」我感嘆著說。

在這之前，我一直以為自己跟患者的心有多麼接近，對患者所論述的心理狀況有多深切體會。但是，原來其實我不曾跟患者站在同一條線上看世界，也沒有真正觸摸過他們悸動的心。只有在我自己也變成傷病者後，我才徹底經歷了心理患者口中的病態思想與負面情緒，確切地體驗到壓力、焦慮、恐懼、無助、絕望的煎熬與恐怖。這次的意外，讓我有機會逆轉角色，從專業的心理學家，變成絕望憂鬱的傷病者，這是我第一次，能夠以患者的眼睛，觀看心理治療的世界，並看到了從前看不見的治療盲點。

這時，我才發現一個事實，即使在治療的同一天空下，治療師與患者永遠是處在兩個截然不同的世界。不管治療師有多敏銳的洞察力，有多淵博的心理知識，或多強烈的同理心，治療師永遠只能虛擬患者的心境與感受。這就像在是觀看電影一樣，觀眾跟故事的主角看似一起同歌同泣，盡情投入，理解並模擬他們。但是，治療師與患者之間真實存在的，卻是一道永遠不能穿越的玻璃惟幕。

這讓我想到治療師最常聽到患者說的一句話：「你不是我，你不會明白的。」而治療師總是回答：「我可以想像你的處境，我能理解你的心情，我完全明白你現在有多痛苦無助。」

雖然這都是治療師真心真意的體恤與安慰，只是無論有再多的真誠，再努力地把自己投射進患者的世界，虛擬體驗或是模擬患者的感受，都無法改變真實與想像之間，還是存在一道看得見，卻難以跨越的距離。

「想要真正進入患者的內心世界，除非擁有能進出入心的鑰匙，那個辦法只有一個，就是先要有能力，走進自己的內心。」智慧老人回應著我的想法。

「因為，心靈鑰匙並不是靠專業知識、想像力或是同理心所鑄造的，而是靠用心經歷過生命與病痛，所換取回來的。」我恍然大悟地說。

「當你能夠穿越自己那道玻璃帷幕，便能擁有心的鑰匙，真正跟病者並肩而行。」智慧老人說。

「也許，只有透過傷病者的眼睛，我才得以發現一個又一個治療的秘密。」我點頭表示贊同。

原來，每個人都可以成為自己的醫生。因為，除了你自己以外，沒有人比你更懂得你的真實狀況，你內心的渴求。不管是多專業、多厲害或收費多昂貴的醫生，永遠只能從旁協助患者，讓患者替自己進行治療。同樣地，只有患者，才是擁有真正的能力，可以治療自己的人。所有的治療，都是透過患者自行啟動，然後再作用反應在自己身上。**世上所有的療癒，都是自我療癒**。

我明白到，醫生最重要的工作，不是理解患者，而是讓患者了解自己的心理需要；醫生也不是在治療患者，而是協助患者進行自我療癒。患者不需再抱有不切實際的幻想，期望醫生能走進你的世界，替你改變內心的設定，消除絕望與傷痛。因為，所有的治療，只能在傷病者的內心世界裡，自行處理。

即使醫生真的有能力潛進患者的內心世界，替患者更改潛意識裡的病態設定，這對患者也絕對不是一件好事。因為，這等同剝奪了患者自我了解、成長與學習的機會。如果，患者不去靠自己解決問題，問題終究會再次出現，就像是輪迴一樣。

「現在，你已經解讀到傷病背後的訊息，學懂了自由的課題。該是時候，離開輪椅的世界了。」智慧老人忽然對我這樣說。

「但是，我要怎樣才能離開輪椅的世界？」我問。

「這一次，你需要做回自己最好的醫生，去療癒自己的身體。」

「就像我治好自己的心一樣嗎？」

「把心治癒還是不足夠的，你必須建立具有強盛生命力量的療癒心態，才能有效治療身體。」智慧老人說。

「具有強盛生命力量的療癒心態。」我重複說著。

「那就是所謂的正念。」

正念療癒心態

「如何才能建立正念的療癒心態？」我問著。

「從你的日常生活做起啊。治病必須從你的心態、你的生活開始。」

「那麼，正念跟正面思考到底有什麼不一樣？」

「正面，是一種二元對立思維模式，把事情分成好壞兩個不同層面，並選擇以正面的角度觀看，只專注處理事情的正向影響。這可說是一種單向的思維模式，雖然是正面，卻帶有擇善固執的意味。

而正念，則是一種更全面的思維模式。凡事不分好壞對錯，不執善，也不厭惡，坦然地接受一切。正念就是以不批判、不分別的態度，觀看世界，以一顆清明的平常心看待無常的生命。」智慧老人解釋著。

「所以，正念就是療癒所需的心態及意識。」我說。

「重點是，要回到當下的時間、地點、及自己。你必須覺察內心所出現的心念，時刻保持輕鬆自在的心情，學習感恩與放下的態度，重新找回內心當下的寧靜。」智慧老人總結般地說。

突然間，一張小桌子在我們面前出現，桌子上擺放了一堆泡茶用具，全部都是我之前慣常使用的茶具器皿。

「我們可以用生活藝術作為媒介，從日常生活中，建立起正念認知的生活態度。」

「你是指透過茶道儀式嗎？」我確認似地問。

「這並不是一般的茶道，而是心茶道。以心行茶，以心品茶，一切只在乎心念。現在你已經懂得正念認知的概念，可以嘗試把這哲學思維，放在茶道儀式上。」

「我應該如何做起？」

「你要做的事，十分簡單，只是泡茶。泡一壺上好的茶，然後用心品嘗。」「你不必太在意那些茶道儀軌，只要放鬆專注，用心泡茶就是了。」智慧老人說。

於是，我閉起了眼睛，深呼吸放鬆心情，放鬆自己的感官，把身心安住於此時此地。

智慧老人為我準備了我最愛的普洱生茶，葉形為完整的一芽二葉，屬人手採摘，置於掌心輕聞，發現傳來陣陣的花蜜香。所選取的茶器為硃砂石瓢茶壺，硃色潤澤豐厚，泥質細緻，手工超凡，是能充分引出茶性的茶器。所取用的水為山泉水，是含豐富礦物質的活性水，水色清澈晶瑩，味道甘洌清純。

所謂器為茶之父，水為茶之母，茶不但有靈性，而且充滿了個性，一壺好茶，除了茶葉外，還需要配合茶人、茶水、茶器，只要些微元素的改變，便足以影響茶的滋味。茶道就是一種集天時、地利、人和的生活藝術，必須專注用心才能泡出茶的風韻與真味。

我開始泡茶，隨著心，認真地進行每一個行茶儀式。首先為自己擺設這一期一會的茶席，在硯石茶盤上放上茶壺，茶海與茶隔，茶隔居上，茶海置左下，茶壺放右下，剛好排成品茶的品字。然後開始燒水、潔具、溫器，流燙的沸水沖澆茶壺，沿壺壁內外環迴一圈。接著入茶醒茶，讓茶葉溫潤舒展，貴妃淋浴。最後是沖泡，細水長流，讓茶葉在水中滾動，沉壺提手，鳳凰點頭，沖泡的動作流暢自然。

「現在，你嘗試用心品嘗這一口茶，以不批判的態度，完整覺醒地活在當下。品茗聞香，再一次地把身心團聚合一，透過心茶合一，學習正念。」智慧老人說。

我重新了調整我的身心，當我睜開眼睛，我的視覺霎時變得清晰明亮，能以新的視野，直觀萬物的本質，我感覺自己照亮了金黃晶瑩的茶湯。

當我放鬆耳朵，我的聽覺變得非常敏銳，以新的頻率，接受內心與大自然的聲音，我聽見了翻滾沸騰的茶水。

當我放鬆雙手，幼嫩的皮膚傳來纖細的觸感。我觸摸到水溫的灼熱，感受到茶葉與茶湯的水乳交融，茶與茶人的和諧，天人合一。

當我放鬆我的鼻，以純真無染的嗅覺，追蹤天地純然的氣味，我聞到了甜蜜細緻的茶香。

當我放鬆我的舌，味蕾頓時張開活躍，我品嘗到了醇美回甘的茶滋味，喉韻悠長歷久不散。

最後，終於我的心也放開了。我懷著感恩的心，珍惜瞬間，活在當下。從觀色、聞香，到品味，每一泡茶的滋味，都是獨一無二的。每一泡茶，都是全新的體驗。若只是眷戀著之前茶的味道，便不能騰出心力，品嘗眼前好茶的滋味；若只顧幻想期望之後的味道，便不能集中心力，欣賞此刻的真味。就像我的人生，每一天都是新的體驗，每一段都是新的旅程，每一刻都是彌足珍貴。

「我懂了，當我能覺醒地回到當下，以正念品嘗生活的每一件事，我才是自己生活的主人。事物恢復到原來的本質，就像茶恢復到原始的真味。如果，茶變得真實，我就是活在真實裡。在心茶合一的那個時刻，我當下的生命就是真正的生命。」──我滿懷感動地說著。

「如果失去了當下的正念認知，你喝進嘴裡的，就不是茶的滋味，聞到的，不再是茶的清香，而是對於過去的緬懷、從前的追憶，和無法挽回的妄想而已。你要徹底地放下過去的你，回憶應該是你生活的點綴，而不是生活的負擔。」智慧老人說。

「那麼，除了茶的滋味外，你還感悟到什麼？」智慧老人問我。

「我感悟到，所謂茶的本質，就是大自然孕養萬物。茶攝取了大地的養分，透過光合作用茁壯成長。在沖泡過程中，泉水釋放出茶葉原有的天地精華，爐火提升了茶味與香氛。透過喝茶泡茶，我領悟到，宇宙萬物本為一體，生命川流不息，生命元素不停地循環與融合，萬物一體地交互流轉。」我回答。

「其實，心茶道就是藉由茶寓修行於生活，透過茶道體悟大自然的靈性，觀照自己的內心，再一次與天地宇宙結合。不只是茶道，你喜歡的香道、書道、樂道與花道也能跟身心靈元素結合，變成一種將生活藝術跟正念認知連結的獨特心理療法。」智慧老人說。

「我明白了。我可以透過五官五感學習正念，學習以不批判的態度，完全覺醒地活在當下；藉由品味生活，學習以新的認知思維體驗世界，認識生命的意義與本質。」

「好好練習你的心五道，並且建立好治病所需要的療癒心態。」智慧老人喝一口茶後，便消失了。

從大自然中覺醒

自此以後，每一天早上，我都會花一些時間，做心五道的正念認知治療。藉著每天練習，我開始學習把身心安住於此時此刻，並保持覺照地體驗生活。

意外發生後的第五個月，我漸漸習慣與受傷的軀體共處，對於自己行動不便的事實，亦學會安然接受，由於沒有了之前抗爭的負面情緒，心境反而變得平靜自在。

我重新恢復了原來的生活節奏。每天下午，我都會跑到附近的咖啡館，看看書、聽聽音樂，偶爾會跟朋友碰面或到戲院看電影。接近黃昏時，媽媽都會把我推到公園裡閒坐，一邊曬太陽，一邊呼吸新鮮空氣。

面對大自然，我終於明白，何謂生死有時、命運無常。生命不停地在循環流動，沒有一刻是靜止的，既沒有開始，也沒有終結，在這無常幻變的背後，卻是恆常的秩序。面對命運無常，大自然萬物都能坦然求生存，沒有執著好或壞的將來，就只有認真接受當下的現在。萬物跟自然世界是一體和諧共存的，每個生命就是一個世界，正是一花一世界，一葉一蓬萊。

只是，人卻往往抱著二元對立的思維，一直想要改變世界，操控未來。而我，不曾真正接受自己不完美的軀體，拒絕容許存有污點的人生。因為家人無條件的接受與關愛，以及大自然不斷在我眼前所展現的無常與和諧，才讓我逐漸找回一顆平常心，並且再次領悟到人生的重大覺醒。

其實，轉念的方法很簡單，只要懂得把自己從自我世界中抽離，改換不一樣的目光用心觀看大自然世界，你便能看破過去的命運，看穿意外與疾病的意義，以及看見自己的真貌。

當我明白這個道理後，我整個內心都敞開來了。過去的我，總是習慣跟命運對抗、與生命較勁。其實，我應該學習跟生命共存，跟命運和諧共處。在這段時間裡，我真正接受了自己的不幸，接受了腳傷可能永遠也無法復元的這個事實，我選擇坦然接受。生老病死，不是單靠意志便可以打敗或改變的，這本來就是生命的一部分。

面對這無常，我最後找回了一顆清明的平常心，重新得到一份安寧與自在。但是，接受不等於我放棄了，也不代表我喜歡或是認同自己的遭遇，相反，我可以更勇敢地追求轉變，只是不再害怕地強求而已。

所以，真誠地接受與面對，尋回一顆平常心，才是治療的先決條件。如果能夠在不幸罹患危急重病時，先停下來，什麼都不做，可能反而比急病亂投醫來得更有作用與意義。停下腳步，準備身心，就是為了要走更遠的療癒之路。

不管是身病或是心病，都需心藥醫。

……待續《自癒：做自己最好的醫生》

參考資料　正念認知療法——心五道

一品一悟心茶道

中國的茶道，不單只是文化藝術，更是身心品格的修養，所謂茶品即人品，人品即茶品。泡茶品茗成為文人雅士間不可或缺的生活智慧，透過茶道，茶人體悟到大自然的靈性，觀照內心，再一次與天地宇宙結合。總括而言，茶從藥療，到成為日常飲料與生活禮俗，到後來演進為文化藝術，在歷史的長河中，見證了茶文化與茶人心靈的昇華過程。

心茶道薈萃了東西方的人文智慧，將傳統茶藝帶入一個新的視野境界。透過心茶合一學習正念，使人從慣性中得到解放，統整生命的多重面向，重新接觸自己智慧與活力的泉源，發展生命本具的豐富潛能與深度。

在進行細緻的行茶的儀式，從燒水、備茶、溫壺、醒茶、泡茶，到觀色、聞香、品味，懷著感恩的心，珍惜瞬間，活在當下。當放鬆眼睛，視覺霎時變得清晰明亮，照見了金黃晶瑩的茶湯。當放鬆耳朵，聽覺變得敏銳，聽見了茶水的翻滾沸騰。呼吸放鬆，帶來了靈敏的嗅覺，聞到了甜蜜細緻的茶香。舌根放鬆，味蕾頓時活躍張開，嘗到了醇美回甘的滋味，喉韻歷久不散，就如品嘗神靈親手沖沏的絕妙好茶。

當心也放開時，便能感悟到茶的本質。大地孕育滋養著茶樹的生長，泉水釋放出茶葉原有的滋味，爐火昇華了茶味與香氣，清風飄送著陣陣茶香。透過喝茶泡茶了悟到宇宙萬物本為一體，生命川流不息，萬物一體地交互流轉。

一聞一定心香道

香的應用已有上千年的歷史，不論在宗教祭祀儀式或重要的節日慶典，香均佔有無可取代的地位。中國古代帝王在登基時，必須焚燒沈香稟告天地。聖經稱沈香為「耶和華之樹」，佛教經典裡將沈香列為供奉三寶，回教阿拉的信衆，亦視沈香為最佳的朝聖供品。

焚香時，香的氣味分子，經呼吸道進入大腦，通往嗅球（腦部負責接收嗅覺的區域）、邊緣系統（腦部主管情緒反映的區域）與下視丘（腦部主管情緒、體溫調控等生理機能），使人產生身心產生寧靜悠遠、祥和舒暢的感覺。芳香帶來感官的愉悅感動，那只是途徑，就如指月的手、過河的橋，重點是藉香氣「探究心性，直趨於道」，通往遼闊的精神世界。

心香道結合了生活藝術與心靈兩類元素，透過心香合一學習正念。在進行細緻的香道步驟，理香、解香、起灰、點炭、移火、鋪灰、品香、題香等，習者定心養神，我執的雜念得以安靜下來，進入專注和放鬆同時存在的催眠狀態，令大腦出現α（Alpha）與θ（Theta）波。

這些腦波頻率能夠啓迪性靈，是通往潛意識領域的大門；生動的視覺化能力、偉大的靈感、意義深遠的創造力、超常的洞察力、以及心靈與宇宙融為一體的感覺。品香也是一種感恩大自然的體驗，透過冥想清洗我們的認知思維與五官五感，釋放內在的壓力與負能量，讓內心得以被察覺、被愛、及被療癒。

一行一捨心書道

毛筆書法是中國傳統的藝術瑰寶和重要的文化遺產。書法的美學價值，一直都受到世人的青睞。同時，書法的價值，卻不僅僅停留在藝術這一層次上。書法的操作及作品，是書寫者活動的過程和結果，從中可以體現出書寫者的種種心理特徵及狀態，因此也是心理學的研究對象。

在以毛筆書寫的過程中，由於種種知覺、注意、思維和認知上的激活作用，能產生高度專注力、敏捷思維知覺、與平衡心理情緒等效果，對於促進兒童、成人及長者的大腦認知與精神健康都有相當顯著的功效。

在行書的過程中，書者打開紙卷，磨墨於硯，提氣運筆，彷彿與手中的毛筆合而為一。在身心完全放鬆的狀態中恣意地揮舞，我手寫我心，進入深度的禪修境界催眠狀態。智慧不存於文字間，而是寫於的空白裡。人生如書，書中留白，當放下執著，捨得所有，人生將回到滿載的空白原點。

一目一識心花道

花朵藉由種子獲得永生，生命的循環永遠不會停止。植物的生命循環帶給我們生命更新的希望，以及再次起步的機會。修習者可任憑自己的情緒與思維，擺設反映自己內心的花席。透過觀賞一草一木，找回生活的節奏與生命的流向。心花道除了花席，也包括園藝，透過與植物培養親密關係，來改善人的身、心、靈。心花道藉著自然的美，以天然植物能量療癒心理情緒。

人總是沉醉於物慾帶來的滿足，迷失於浮華的花花世界，被事物的外表所迷惑。透過追逐身外之物來探求生命，滿足無盡的慾望，空虛的心靈終究找不到所謂的樂土。原來當敞開心扉、放下執迷時，便能發現真正的美，那份大自然的靜謐與和諧，浮現蓬萊的影蹤，正是一花一世界，一葉一如來。

一聲一悅心樂道

音樂提供一個非語言的溝通媒介，引導人們更深入表達自我，幫助人們在行為及情緒方面作正面的改變，在歐美國家已被納入常規的醫療及社區體系中。心樂道以音樂心靈導航（Guided Imagery and Music, GIM）的形式開始，進而以心理動力學的音樂療法（Psychodynamic Music Therapy, PMT）鼓勵學員藉音樂表達內心的情緒，並給予音樂性的溝通、支持、接納，提高聽者心理的協調性與適應性，達到身心平衡的目標。

西藏頌缽以喜瑪拉雅山區的七種金屬及天然礦石作原料，並經由手工鑿擊而成。每個頌缽皆有其獨特的質地與振動頻率，能以不同的敲擊及摩擦方式，產生聲音及振動波幅，透過聽覺及觸感傳遞到身心深處。當地居民及僧人把頌　當作宗教上的聲樂器皿，用作調節心理情緒，達到放鬆身心、釋放壓力和煩惱的效果。頌缽深沉悠遠的鏗鏘聲，可讓人進入身心舒緩的狀態，達至淨心、生定發慧的功效。頌缽不但可以治心，同時亦能調和各主要器官的健康頻率，平衡身體裡的七大能量脈輪。

結語

治病先治心

這是一本專家自救的身心靈療癒工具書，同時也是一本傷病者的心情日記。我透過傷病者的角度，詳述了自己從意外到康復的心路歷程。當初的我，從一個意志堅強的人，變成一個消極放棄的傷殘者，渴望奇蹟的同時，又不敢相信奇蹟。當信心與信念都被消磨殆盡以後，就只剩下憤怒與絕望。那時的我，與其他傷病者一樣，在瞬間淪為悲劇角色，只會以負面的目光看待眼前的人事物，更患上嚴重的憂鬱症。

就在我放棄抗爭，渴望了結自己生命時，我竟然在一處毫不起眼、從前每天急步經過的小公園裡，看見了重要的生命訊息。我坐在輪椅上，改以小孩的高度看世界，以老人的速度過生活，從大自然世界中，得到重大覺醒。原來，一直以來，我都只是急病亂投醫，不是在跟病魔，而是跟心魔糾纏。

我本身就是一名認知心理學家，專門研究人的潛意識與夢境，並擅長心理的催眠、分析、與治療。我以現實生活的心理診所為模式，總結自己過往的諮商經驗，在自己的潛意識裡，建構了一所綜合性的「心理療癒室」。我開始反思疾病的存在意義，並重新取回治療的責任與主導權。

我以催眠技巧走進心理療癒室，並先後幻化成心理學教授、催眠師、分析師、心理治療師、及痛症治療師。潛意識透過角色扮演，讓我能夠以不一樣的思維眼光，來解讀意外與傷痛。每位內在的心理專家，都扮演了自己最好的醫生角色，並在最終融為一體，提供了全面性的身心靈治療。

但我必須重申，我並沒有特定的宗教信仰，也不迷信科學，我相信的是生命的無限可能。這一路上發生的所有事情，並不是虛構的故事，都是我在潛意識所看到或感受到的人事物。為了讓大家能夠更容易地理解催眠，和進入潛意識時的情況，我把每個階段的對話與情景都展示出來。

透過這個存在於潛意識，極為強大，目標一致，且專屬於我的「醫療團隊」，大大改善並提升了我的自癒能力。現在，我已經成功地走出心靈殘障，治好內心的各大小傷口。即使我無法再次健康地行走，我依然相信自己可以活得自由、活得精彩。

這一路走來，我終於發現了療癒的重大秘密：原來，要治病，先要治心！

聲音導航

一、內觀放鬆法

處理壓力及憂鬱情緒

許多疾病的根源都在心理而非生理，而壓力就是當中的最大源頭。壓力可來自內心的價值矛盾，或生活轉變帶來的威脅與恐懼。內觀放鬆法有效將人的思想與感覺拉回當下，透過腹式呼吸放鬆身心，消除積存壓力，紓解鬱結情緒。

國語版
https://youtu.be/CnYsHhrl8zk

粵語版
https://youtu.be/cgWgWOhoeTQ

二、正念意象法

培養正念認知生活

在日常生活中，身心常處於分裂狀態，不斷被憤怒、仇恨、嫉妒或焦慮情緒所控制。正念意象法有效讓人脫離過去不愉快的記憶，或是對未來的擔憂，藉著正念思維的培養，學習以不批判的態度觀看事物，重塑五感認知，完整覺醒地活在當下。

粵語版
https://youtu.be/JT_iCvAdsGA

國語版
https://youtu.be/1BBoWHPHNyo

Smile 182 **心藥——做自己最好的醫生**　〔2022增訂版〕

作者：鍾灼輝
責任編輯：冼懿穎、趙曼孜（三版）
封面設計：萬亞雰
美術編輯：Beatniks、薛美惠
校對：簡淑媛
法律顧問：董安丹律師、顧慕堯律師
出版者：大塊文化出版股份有限公司
105022台北市南京東路四段25號11樓
www.locuspublishing.com
讀者服務專線：0800-006689
TEL：886-2-87123898　FAX：886-2-87123897
郵撥帳號：18955675　戶名：大塊文化出版股份有限公司

總經銷：大和書報圖書股份有限公司
地址：新北市新莊區五工五路2號
TEL：(02) 89902588　FAX：(02)22901658
製版：瑞豐實業股份有限公司
初版一刷：2012年9月
三版一刷：2022年5月
定價：新台幣 380 元
ISBN：978-626-7118-30-6
Printed in Taiwan

國家圖書館出版品預行編目資料

心藥 ：做自己最好的醫生/ 鍾灼輝著. — 三版. —
臺北市：大塊文化出版股份有限公司, 2022.05
240面 ；14.8×20 公分. — (Smile ；182)
ISBN 978-626-7118-30-6(平裝)

1.CST：催眠術 2.CST：催眠療法 3.CST：潛意識

175.8 111004946

LOCUS

LOCUS

LOCUS

LOCUS